GOUVERNEMENTS

MINISTÈRES & CONSTITUTIONS

DE LA FRANCE

DE 1789 A 1895

1989

Par LÉON MUEL

ATTACHÉ AU SÉNAT, OFFICIER D'ACADÉMIE

SUPPLÉMENT

(1890-1895)

PRIX : **3** FRANCS

PARIS

LIBRAIRIE GUILLAUMIN ET Cⁱᵉ

ÉDITEURS DU JOURNAL DES ÉCONOMISTES, DE LA COLLECTION DES PRINCIPAUX ÉCONOMISTES
DU DICTIONNAIRE DE L'ÉCONOMIE POLITIQUE
DU DICTIONNAIRE UNIVERSEL DU COMMERCE ET DE LA NAVIGATION, ETC.

RUE RICHELIEU, 14

1895

GOUVERNEMENTS
Ministères et Constitutions
DE LA FRANCE
DEPUIS CENT ANS

PREMIER SUPPLÉMENT

SOMMAIRE

Liste des membres du Comité de salut public [1].

Le Comité de salut public, créé par décret du 18 mars 1793, a duré jusqu'au 13 brumaire an IV (4 novembre 1795). Il siégeait aux Tuileries (pavillon de l'Égalité).

26 mars 1793. — *Nomination par la Convention nationale des 25 membres du Comité et de 10 suppléants.*

Dubois-Crancé, Pétion, Gensonné, Guyton-Morveau, Robespierre l'aîné, Barbaroux, Ruhl, Vergniaud, Fabre d'Églantine,

---

1. Un grand nombre de lettrés ont exprimé à l'auteur le désir de voir figurer dans son recueil cette liste ainsi que celle des membres des commissions exécutives. Malgré les longues et difficiles recherches auxquelles ce travail devait donner lieu, l'auteur s'est fait un devoir de répondre à ce légitime désir; et pour que les possesseurs des exemplaires des éditions déjà écoulées ne soient pas privés de ces documents, il a publié dans ce supplément ces deux listes que les lecteurs voudront bien faire rapporter la première à la page 38, et la seconde à la page 41 du volume principal.

Buzot, Delmas, Guadet, Condorcet, Bréard, Camus, Prieur (de la Marne), Camille Desmoulins, Barère, Quinette, Cambacérès, Jean Debry, Danton, Sieyès, Lasource et Isnard.

Suppléants. — Treilhard, Aubry, Garnier (de Saintes), Robert Lindet, Lefèvre (de Nantes), Laréveillère-Lépeaux, Ducos, Sillery, Lamarque et Boyer-Fonfrède.

7 avril 1793. — *Formation d'un Comité de salut public de 9 membres en remplacement du précédent.*

Barère, Delmas, Bréard, Cambon, Jean Debry, Danton, Guyton-Morveau, Treilhard et Delacroix. Jean Debry n'ayant pas accepté, Robert Lindet est élu à sa place.

Le Comité est prorogé de mois en mois avec les mêmes pouvoirs.

Sont successivement adjoints au Comité :

Le 30 mai 1793 : Hérault de Séchelles, Ramel, Couthon, Saint-Just et Mathieu.

Le 12 juin 1793 : Gasparin et Jean-Bon Saint-André.

Le 22 juin 1793 : Robert Lindet[1].

Le 4 juillet 1793 : Lindet[2], Duroy et Francastel.

10 juillet 1793. — *Renouvellement intégral du Comité réduit à 9 membres :*

Jean-Bon Saint-André, Barère, Gasparin, Couthon, Thuriot, Saint-Just, Prieur (de la Marne), Hérault de Séchelles et Robert Lindet.

Le 27 juillet 1793 : Est élu Robespierre l'aîné[3].

Sont ensuite adjoints au Comité :

Le 14 août 1793 : Prieur (de la Côte-d'Or) et Carnot.

Le 6 septembre 1793 : Billaud-Varennes, Collot-d'Herbois, Granet et Danton[4].

---

1. A la place de Mathieu envoyé en commission dans les départements.
2. Frère de Robert Lindet.
3. En remplacement de Gasparin, démissionnaire.
4. Spécialement pour surveiller l'exécution ministérielle. — Danton a refusé ; sa démission a été acceptée le 9 septembre suivant.

Le 12 thermidor an II (30 juillet 1794), la Convention nationale décrète que le Comité de salut public sera renouvelé par quart tous les mois.

Le 13 thermidor an II (31 juillet 1794), sont élus pour compléter le Comité[1] :

Bréard, Eschassériaux l'aîné, Laloi, Thuriot, Treilhard et Tallien.

Par décret du 7 fructidor an II (24 août 1794), le Comité est réorganisé et ramené à 12 membres.

15 fructidor an II (1er septembre 1794).

Membres sortants (désignés par le sort) : Carnot, Lindet et Barère.

Démissionnaires : Collot-d'Herbois, Billaud-Varennes et Tallien.

Pour ramener le Comité à 12 membres, la Convention décrète qu'elle ne nommera que quatre nouveaux membres :

Sont élus : Delmas, Cochon, Fourcroy et Merlin (de Douai).

15 vendémiaire an III (6 octobre 1794).

Sortants : R. Lindet, Carnot et Prieur (de la Côte-d'Or).

Élus : Prieur (de la Marne), Guyton-Morveau et Richard.

15 brumaire an III (5 novembre 1794).

Sortants : Laloi, Treilhard et Eschassériaux.

Élus : Cambacérès, Carnot et Pelet (de la Lozère).

15 frimaire an III (5 décembre 1794).

Sortants : Thuriot, Cochon et Bréard.

Élus : Boissy-d'Anglas, Dubois-Crancé et André Dumont.

14 nivôse an III (3 janvier 1795).

Sortants : Merlin (de Douai), Delmas et Fourcroy.

Élus : Bréard, Marec et Chazal.

---

1. En remplacement de Danton, Hérault, Couthon et Saint-Just, morts sur l'échafaud, et de Thuriot, qui avait démissionné le 20 septembre précédent.

15 pluviôse an III (3 février 1795).

Sortants : Richard, Guyton-Morveau et Prieur (de la Marne).
Élus : Merlin (de Douai), Fourcroy et Lacombe (du Tarn).

15 ventôse an III (5 mars 1795).

Sortants : Cambacérès, Pelet (de la Lozère) et Carnot.
Élus : Sieyès, Laporte et Rewbell.

15 germinal an III (4 avril 1795).

Adjonction de 4 membres.

Sortants : Dubois-Crancé, Boissy-d'Anglas et André Dumont.
Élus (7 membres) : Cambacérès, Creuzé-Latouche, Gillet, Aubry, Roux (de la Haute-Marne), Lesage (d'Eure-et-Loir) et Tallien.

15 floréal an III (4 mai 1795).

Sortants : Marec, Bréard, Chazal, Creuzé-Latouche et Lesage (d'Eure-et-Loir).
Élus : Vernier (du Jura), Treilhard, Defermon, Rabaud-Pommier et Doulcet.

15 germinal an III (3 juin 1795).

Sortants : Merlin (de Douai), Fourcroy, Lacombe (du Tarn) et Laporte.
Élus : Henri Larivière, Gamon, Marec et Blad.

15 messidor an III (3 juillet 1795).

Sortants : Roux, Rewbell, Sieyès et Gillet.
Élus : Louvet (du Loiret), Boissy-d'Anglas, Jean Debry et Lesage.

15 thermidor an III (2 août 1795).

Sortants : Tallien, Aubry, Treilhard et Cambacérès.
Élus : Letourneur (de la Manche), Merlin (de Douai), Rewbell et Sieyès.

15 fructidor an III (1er septembre 1795).

Sortants : Doulcet, Rabaud-Pommier, Vernier et Defermon.

Élus : Cambacérès, Daunou, Laréveillère-Lépeaux et Berlier.

15 vendémiaire an IV (7 octobre 1795).

Sortants : Gamon, Henri Larivière, Blad et Marec.
Élus : Chénier, Gourdan, Eschassériaux aîné et Thibaudeau. Le même jour, Marec est adjoint de nouveau au Comité.

Liste des membres des Commissions exécutives [1] qui ont remplacé les ministères du 12 germinal an II au 12 brumaire an IV (1er avril 1794-3 novembre 1795).

29 germinal an II (18 avril 1794).

Hermann, administrations civiles, police et tribunaux.
Lanne [2], —
Payan, instruction publique.
Julien, —
Brunet, agriculture et arts.
Gateau, —
Lhulier, —
Johannot, commerce et approvision.
Picquet, —
Potonnier, —
Lecamus, travaux publics.
Fleuriot, —
Dupin, —
Lerebours, secours publics.
Daillet, —
Moreau, transp., postes et messag.
Lieuvain, —
Mercier, —

Laumont, revenus nationaux.
Pille [3], organisation et mouvement des armées de terre.
Dalbarade, marine et colonies.
David, —
Capon, armes, poudres et mines.
Benezech, —
Buchot, relations extérieures.

30 floréal an II (19 mai 1794).

(*Nominations complémentaires.*)

Pille, organis. des armées de terre.
Boulai, —
Vaniéville, revenus nationaux.
Rochet, —
Fourcade, instruction publique.
Mathon, transports, postes, etc.
Rolland, secours publics.
Rondelet [4], travaux publics.
Campagne, armes, poudres, etc.

1. Voyez la liste de ces Commissions au commencement du volume, page 42.
2. Les noms en *lettres italiques* désignent les commissaires-adjoints.
3. Adjoint provisoire.
4. En remplacement de Fleuriot, démissionnaire.

3e S.-culottides an II (19 sept. 1794).

Berthollet[1], agriculture et arts.

14 vendémiaire an III (5 oct. 1794)[2].

Picquet, commerce et approvisionn.
Johannot, —
Magin, —
Leguiler, —
Louis Monneron, —

13 brumaire an III (3 nov. 1794).

Mangourit[3], relations extérieures.

16 brumaire an III (6 nov. 1794).

Martigues, secours publics.
Dergniau, —
Havet, —

29 brumaire an III (19 nov. 1794).

Lhéritier jeune[4], agricult. et arts.

17 nivôse an III (6 janv. 1795).

Lepayen, approvisionnements[5].
Mottet, —
Combes, —

14 messidor an III (2 juillet 1795).

Redon de Beaupréau, marine et colonies[6].

2 fructidor an III (19 août 1795).

Ginguené, instruction publique.

(Les deux places d'adjoint sont supprimées.)

Démission du quatrième ministère de Freycinet
(18 février 1892).

Le quatrième cabinet présidé par M. de Freycinet est, de tous les ministères qui se sont succédé depuis 1870, un de ceux qui ont vécu le plus longtemps : deux ans moins un mois (17 mars 1890-18 février 1892). Il est tombé sur une motion d'urgence présentée par M. Hubbard sur le projet de loi relatif à la liberté d'association.

A la suite d'une lettre injurieuse adressée à M. le ministre de la justice et des cultes par Monseigneur Gouthe-Soulard, archevêque d'Aix[7], lettre à laquelle adhéraient ensuite la plu-

---

1. En remplacement de Brunet.
2. Par décret de ce jour, le nombre des membres de cette commission est porté à cinq.
3. En remplacement de Buchot.
4. En remplacement de Gateau.
5. Par décret du même jour, la commission du commerce et des approvisionnements prend le nom de commission des approvisionnements ; par décret du 20 thermidor an III (7 août 1795), la place de commissaire-adjoint est supprimée.
6. En remplacement de Dalbarade.
7. Traduit pour cette lettre devant la Cour d'appel de Paris, Monseigneur Gouthe-Soulard a été condamné, le 24 novembre 1891, à 3.000 fr. d'amende.

part des prélats français, M. le pasteur Dide, sénateur, inter-
pellait le Gouvernement le 9 décembre 1891 sur les manifestations du haut clergé. A la suite de cette interpellation, le
Sénat adoptait, par 208 voix contre 53, l'ordre du jour suivant présenté par MM. Demôle, Merlin et Ranc :

« Le Sénat, considérant que les manifestations récentes d'une
partie du clergé pourraient compromettre la paix sociale et constituent une violation flagrante des droits de l'État, confiant dans
les déclarations du Gouvernement, compte qu'il usera des pouvoirs
dont il dispose ou qu'il croira nécessaire de demander au Parlement
pour imposer à tous le respect de la République et la soumission
à ses lois. »

Le 12 décembre suivant, la Chambre des députés, à la
suite d'une interpellation adressée au Gouvernement sur le
même sujet par M. Hubbard, adoptait, par 243 voix contre
223, un ordre du jour absolument identique présenté par
M. Rivet.

Pour donner satisfaction à cette double mise en demeure
du Parlement, le Gouvernement dépose le 16 janvier 1892, à
la Chambre des députés, un projet de loi sur la liberté d'association qui visait plus spécialement les associations religieuses. Cette mesure ne change rien à l'attitude du haut
clergé ; quelques jours plus tard, cinq cardinaux français
publiaient une déclaration ouvertement hostile aux institutions républicaines.

Le 18 février suivant, M. Hubbard demande à la Chambre
des députés de déclarer l'urgence sur le projet de loi relatif à
la liberté d'association, donnant comme raison que ce projet
de loi « doit constituer une réponse du Gouvernement républicain aux déclarations des cardinaux et préparer la séparation des Églises et de l'État ».

Après un discours de M. Paul de Cassagnac qui trouve ce
projet de loi cynique, odieux et hypocrite, M. de Freycinet,
président du conseil, monte à la tribune :

C'est le jour seulement, dit-il, où l'Église serait séparée de l'État
que ce projet de loi pourrait lui être appliqué, et en usant de

précautions spéciales qui ne sont peut-être pas suffisamment prévues aujourd'hui, précisément parce que, pour nous, la séparation
de l'Église et de l'État n'est pas encore posée.

Si donc l'honorable M. Hubbard, en demandant l'urgence, a
entendu y attacher la signification qu'il avait annoncée précédemment, à savoir que cette loi est déposée et votée d'urgence avec
l'intention d'en faire la préface nécessaire de la séparation de
l'Église et de l'État, je lui réponds : non. En ce qui nous concerne,
nous, Gouvernement, nous ne nous associerons pas à une demande
d'urgence ainsi formulée et interprétée.

Nous ne nous croyons pas investis du mandat d'opérer ni de
préparer actuellement la séparation de l'Église et de l'État ; c'est
un mandat que nous n'avons pas reçu et dont nous ne nous sommes
pas chargés.

Nous ne pouvons pas suivre une politique autre que celle-là.
S'il y a dans cette Chambre une majorité pour faire une politique
différente, c'est-à-dire pour aborder cette grande et redoutable
mesure, que cette majorité s'affirme, et nous laisserons à d'autres
le soin de réaliser les vœux qu'elle aura exprimés. (*Mouvements
divers.*)

Après M. Armand Després et M. Pichon, M. le comte de
Mun monte à la tribune pour convier M. le président du conseil à des explications plus nettes :

Puisque le Gouvernement, dit-il, est animé d'un esprit de
modération et de conciliation envers l'Église, pourquoi a-t-il
déposé ce projet de loi sur les associations que nous considérons
comme la provocation la plus vive et la plus directe qui ait
encore été adressée aux catholiques et à l'Église elle-même?

M. le président du conseil répond :

Le projet de loi sur les associations ne vise et ne peut pas,
tel qu'il est; viser l'Église catholique ni aucune Église ayant un
lien avec l'État.

M. Henri Brisson monte à la tribune :

Ce qu'il faut savoir, dit-il, après tant de manifestations décisives
qui devraient avoir écarté toute illusion, dissipé tout aveuglement,
c'est si dans les hautes régions gouvernementales cette illusion,
cet aveuglement persistent, ou bien si la loi sur les associations
que l'on nous présente est la première des armes destinées — je
le dis très nettement — à instituer la lutte contre l'ennemi que la
République a vu devant elle depuis vingt ans, et si le Gouverne-

ment est résolu, avec cette arme et avec d'autres, à marcher contre cet ennemi. (*Vifs applaudissements à gauche et sur divers bancs à droite.*)

Quant à nous, républicains sans qualificatif, mais républicains de tout temps, c'est le sens que nous donnerons à la demande d'urgence, et nous prions le Gouvernement de nous déclarer si c'est aussi le sens qu'il y attache. (*Nouveaux applaudissements.*)

A son tour, M. Clémenceau prend la parole. — Il termine ainsi :

Eh bien! monsieur le président du conseil, s'il en est ainsi, je vous demande une réponse nette et franche.

Êtes-vous pour ou contre l'urgence de votre propre projet de loi? Si vous êtes pour l'urgence, moi qui suis partisan de la séparation de l'Église et de l'État, je vous dis : merci! Si vous êtes contre, je n'ai plus rien à vous dire. Je vous laisse en tête à tête avec les amis autorisés de l'Église romaine. Entendez-vous avec eux; je n'ai rien à y voir. (*Rires à droite.* — *Vifs applaudissements à gauche.* — *L'orateur, en retournant à son banc, est félicité par un grand nombre de ses amis.*)

La discussion est terminée. Deux ordres du jour sont déposés : le premier, de MM. Pichon, Jullien et Hubbard est ainsi conçu :

« La Chambre, convaincue de la nécessité de poursuivre la lutte du pouvoir civil contre le parti clérical, prononce l'urgence sur le projet de loi relatif aux associations. »

Le second, de MM. Trouillot, Lasserre et Pourquery de Boisserin, est conçu en ces termes :

« La Chambre, décidée à poursuivre sa politique républicaine et à défendre énergiquement les droits de l'État, vote l'urgence. »

M. de Freycinet déclare que le Gouvernement accepte ce dernier ordre du jour.

La priorité réclamée en faveur de l'ordre du jour de M. Pichon est repoussée par 206 voix contre 284.

M. le président du conseil monte alors à la tribune pour poser la question de cabinet, et parlant de l'ordre du jour de M. Trouillot, s'exprime ainsi :

Messieurs, je monte à la tribune uniquement pour dire que le Gouvernement a accepté cet ordre du jour parce que les considérants qui précèdent le vote de l'urgence formulent la politique que le cabinet a suivie jusqu'ici et qu'il continuera à suivre s'il reste aux affaires.

Cette politique, ainsi que l'expriment les considérants auxquels je fais allusion, est véritablement républicaine; elle s'est traduite par les lois que vous connaissez et que le Gouvernement, dès son entrée aux affaires, a déclaré ne vouloir jamais abandonner.

En second lieu, la formule indique que le Gouvernement est fermement décidé à maintenir les droits du pouvoir civil. Il la maintiendra fermement contre tous les empiétements, de quelque côté qu'ils viennent. L'État se considère comme devant tenir un rôle complètement indépendant, sans laisser porter aucune atteinte à ses droits.

C'est donc dans ce sens que nous avons accepté cet ordre du jour, et c'est là l'intérêt véritable que nous attachons à ce vote.

Si la Chambre ne croit pas devoir adopter cette formule, elle indiquera par là qu'elle n'approuve pas la politique que nous entendons continuer à suivre si nous restons au pouvoir, et alors notre devoir sera de le remettre entre les mains d'hommes qui comprendront mieux la politique que la Chambre désire voir appliquer. (*Très bien! très bien! au centre. Mouvements prolongés en sens divers.*)

On procède au scrutin. Par 210 voix contre 282, l'ordre du jour de M. Trouillot est repoussé. Le Gouvernement est battu. A ce moment, les ministres quittent la salle.

L'ordre du jour de M. Pichon est ensuite repoussé par 181 voix contre 278. Une demande de déclaration d'urgence pure et simple est ensuite rejetée par 227 voix contre 267[1].

Cette séance s'étant terminée à huit heures du soir, et M. Carnot, donnant le soir même un dîner aux présidents et aux bureaux des deux Chambres, M. de Freycinet n'est allé que le lendemain à l'Élysée porter la démission du cabinet tout entier à M. Carnot, qui a insisté, mais vainement, auprès de M. le président du conseil pour le faire revenir sur sa détermination, et le *Journal officiel* du lendemain, 20 février, contenait les lignes suivantes :

1. « Par ces trois votes, la Chambre se trouvait finalement avoir donné satisfaction aux radicaux en renversant le ministère, au ministère en repoussant l'ordre du jour Pichon, et à la droite en se prononçant contre l'urgence. » (*L'Éclair* du 20 février 1892.)

Paris, 19 *février* 1892. — Les ministres se sont rendus aujourd'hui, à quatre heures, au palais de l'Élysée, et ils ont remis leurs démissions à M. le Président de la République, qui les a acceptées.

M. le Président de la République a invité les ministres démissionnaires à continuer l'expédition des affaires jusqu'à la nomination de leurs successeurs [1].

Ministère Loubet (27 février 1892).

Après huit jours de crise, pendant lesquels M. Carnot a confié tour à tour, sans succès, à MM. Ribot, Rouvier et de Freycinet le soin de former un cabinet, M. Émile Loubet, appelé en dernier lieu à l'Élysée, a réussi dans sa mission et, par décrets du 27 février 1892, le nouveau ministère était constitué comme suit :

Présidence du Conseil et Intérieur. Émile Loubet.
Justice et Cultes. Louis Ricard.
Affaires étrangères. Ribot.
Finances. Rouvier.
Guerre. De Freycinet.
Marine. Godefroy Cavaignac.

Instruction publique et Beaux-Arts. Léon Bourgeois.
Travaux publics. Viette.
Commerce, Industrie et Colonies. Jules Roche.
Agriculture. Jules Develle.

Par décrets du 8 mars 1892, l'administration des colonies est détachée du ministère du commerce, pour être rattachée au ministère de la marine, et M. *Jamais*, nommé sous-secrétaire d'État, spécialement chargé des colonies.

Modifications au ministère du 27 février 1892.

1892. 12 juillet. Burdeau, marine et colonies.
— 13 — Jamais [2], —

Chute de M. Godefroy Cavaignac.

La démission de M. Godefroy Cavaignac a été provoquée par un vote hostile de la Chambre, qui a failli renverser le cabinet tout entier dans les circonstances suivantes :

1. Par suite d'une omission, la démission de M. Étienne, sous-secrétaire d'État aux colonies, n'a figuré qu'au *Journal officiel* du lendemain, 21 février.

2. M. Jamais avait démissionné en même temps que M. Godefroy Cavaignac.

Le 11 juillet 1892, M. Pourquery de Boisserin adresse une question au Gouvernement sur les mesures prises pour l'expédition du Dahomey. Il demande, en particulier, que les troupes de terre et de mer soient placées sous un commandement unique. M. Cavaignac, ministre de la marine, s'oppose à ce système. La question est alors transformée en interpellation. M. Pourquery de Boisserin insiste de nouveau pour l'unité du commandement. M. Cavaignac persiste dans son refus. Après une intervention énergique de M. Clémenceau en faveur de l'unité du commandement, M. Pourquery de Boisserin dépose l'ordre du jour suivant :

« La Chambre invite le Gouvernement à confier à un seul chef la direction des opérations de terre et de mer au Dahomey. »

La priorité est accordée à cet ordre du jour. Il y a une demande de scrutin.

Le scrutin est ouvert, s'écrie le M. le président.

Voix nombreuses. — L'avis du Gouvernement !

M. le ministre de la marine. — On demande l'avis du Gouvernement. Je crois l'avoir fait connaître assez clairement au cours des explications que j'ai fournies à la tribune. Je parle en mon nom personnel : il ne m'est pas possible d'accepter l'ordre du jour de M. Pourquery de Boisserin. (*Mouvements divers.*)

M. Horace de Choiseul. — Le Gouvernement est-il solidaire ? (*Bruit.*)

(*M. le président du conseil monte à la tribune. — Exclamations sur divers bancs.*)

Le vote est commencé ! crie-t-on.

Sur divers bancs. — Parlez ! Parlez !

Voix diverses. — Non ! non ! La clôture a été prononcée ! (*L'agitation continue.*)

(*M. le président du conseil quitte la tribune. — Mouvement prolongé.*)

M. le président. — J'ai déjà annoncé, par deux fois, que je mettais aux voix l'ordre du jour de M. Pourquery de Boisserin.

Le scrutin est ouvert.

Un instant après, M. le président proclame le scrutin. Par 286 voix contre 140, la Chambre des députés a adopté l'ordre du jour repoussé par M. Cavaignac, ministre de la marine, mais sur lequel M. le président du conseil n'a pu faire connaître à la tribune l'avis du Gouvernement, grâce à l'intervention opportune et énergique de M. le président Floquet.

Démission du ministère Loubet (28 novembre 1892).

Le ministère Loubet a été renversé pour un motif bien extraordinaire : il a refusé de faire procéder à l'exhumation et à l'autopsie d'un cadavre.

Les poursuites ordonnées le 14 juin 1891 contre la Compagnie du canal de Panama, étaient pour ainsi dire abandonnées par le Parquet. L'opinion publique, représentée par 800.000 souscripteurs lésés, commençait à s'en émouvoir. Trois interpellations ont été déposées à ce sujet à la Chambre des députés : la 1re, par M. Argeliès sur l'affaire de Panama ; la 2e, par M. Jules Delahaye sur les lenteurs de la justice à faire la lumière sur l'entreprise de la Compagnie de Panama ; la 3e, par M. Gauthier de Clagny sur les mesures prises pour donner suite aux pétitions des porteurs de Panama.

Ces trois interpellations viennent en discussion à la séance du 21 novembre 1892. Dans son discours, M. Jules Delahaye soutient à la tribune que la Compagnie de Panama a remis, sur sa demande, à M. le baron de Reinach, 5 millions dont il ne devait pas rendre compte, et sur lesquels 3 millions ont été distribués à plus de 150 membres du Parlement. Il termine en demandant la nomination d'une commission d'enquête. Le Gouvernement, par l'organe de M. Loubet, président du conseil, s'associe à cette demande. La Chambre adopte ensuite la résolution suivante :

« Une commission d'enquête sera nommée par la Chambre des députés, avec les pouvoirs les plus étendus, à l'effet de faire la lumière sur les allégations portées à la tribune à l'occasion des affaires du canal de Panama.

« Cette commission sera composée de trente-trois membres. »

Cette commission est nommée au scrutin de liste en séance publique les 22 et 23 novembre. La présidence en est confiée à M. Henri Brisson.

Le jour même de la discussion des interpellations, 21 novembre, le Parquet lançait les citations à comparaître devant
la cour d'appel de Paris le 25 novembre, aux administrateurs
de la Compagnie du canal de Panama[1], sous l'inculpation
de manœuvres frauduleuses et d'escroquerie de la fortune
d'autrui. Le samedi soir, 19, le Gouvernement avait décidé
de comprendre dans les poursuites le baron de Reinach; le
mandat d'amener devait être lancé contre lui le lundi matin.
Mais, le dimanche, on apprend que le baron de Reinach avait
été trouvé le matin même mort dans son lit, et bientôt le
bruit court que cette mort était due à un suicide ou à un
empoisonnement. Le 25 novembre, la commission d'enquête
demande au garde des sceaux si les mesures prescrites par la
loi ont été prises pour la saisie des livres et des papiers du
baron de Reinach. Le garde des sceaux répond que ces mesures
n'avaient pas été prises. Le même jour, sur la proposition de
M. Maujan, la commission met le Gouvernement en demeure
d'ordonner l'exhumation du baron de Reinach afin de faire
établir s'il est, oui ou non, mort de mort violente.

Le lendemain 26, le Gouvernement déclare à la commission qu'il se refusait à intervenir au sujet de l'autopsie du
baron de Reinach, et qu'il s'en remettait à la famille du soin
de faire procéder à ces constatations. A la suite de ce refus,
M. le comte de la Ferronnays, dans la séance de la Chambre
du 28 novembre, pose à M. le garde des sceaux, qui l'accepte, une question sur les circonstances qui ont entouré la
mort du baron de Reinach.

Il rappelle les conditions dans lesquelles est survenue la
mort inattendue du baron de Reinach, la veille même du
jour où un mandat d'amener allait être lancé contre lui. Des
bruits étranges ont été mis en circulation : on a parlé de suicide, de crime, on a même été jusqu'à dire que l'inhumation
faite hâtivement à Beauvais était fictive, et que le cercueil ne
contenait que des bûches, des cailloux ou de vieilles ferrailles.

1. MM. Ferdinand de Lesseps, Charles de Lesseps, son fils, Fontane,
Cottu et Eiffel (ce dernier en qualité de complice).

Il suffit, ajoute l'orateur, qu'on ait dit que ces faits se sont produits sinon avec la complicité, tout au moins à la connaissance du Gouvernement, pour qu'immédiatement on soit en droit de nous demander compte de ne pas avoir provoqué, de la part de M. le garde des sceaux, des explications complètes et catégoriques. (*Très bien ! très bien ! sur divers bancs.*)

Eh bien! messieurs, au point où les choses en sont, les explications, les déclarations, les affirmations même ne seraient plus suffisantes. Il règne à travers la France tout entière une atmosphère de soupçon qu'il est de notre devoir de dissiper. (*Très bien ! très bien ! à droite.*)

Dans l'état où sont les esprits, ils ne se contenteront pas, comme ils ont pu le faire en d'autres circonstances, de déclarations vagues : il leur faut la preuve matérielle. Cette preuve matérielle, un seul acte peut la fournir : c'est une ordonnance de procéder à l'exhumation et ensuite à l'autopsie du cadavre, s'il y en a un. (*Mouvements divers.*)

Voilà ce que le pays réclame de nous. A mon tour, monsieur le garde des sceaux, je vous demande si vous avez l'intention de donner au pays la satisfaction, les éclaircissements dont il a un impérieux besoin, et que nous avons tous le devoir de vous réclamer sans relâche. (*Vifs applaudissements à droite.*)

M. Ricard, garde des sceaux, monte à la tribune. Il déclare que toutes les formalités exigées ont été remplies régulièrement. Le médecin de l'état civil[1] a délivré un certificat constatant que la mort du baron de Reinach a été naturelle, et qu'elle a été déterminée par une congestion cérébrale.

Eh bien! messieurs, continue le garde des sceaux, voici quel est le droit: on ne peut procéder à l'exhumation du corps de M. de Reinach et à l'autopsie que si l'on a des soupçons de crime sur cette mort.

Sur ce point je termine donc en disant que je ne puis faire ouvrir une information que si j'ai la conviction qu'il y a eu crime. Or, cette conviction, messieurs, j'affirme que jusqu'aujourd'hui je ne l'ai pas.

Ne l'ayant pas, je ne ferai pas ce que la loi m'interdit de faire.

Quant aux scellés, M. le garde des sceaux réplique que M. de Reinach, étant mort avant d'avoir été cité devant la

1. M. le docteur Poirrier, du VIIIe arrondissement.

première chambre, n'était plus et ne pouvait plus à aucun degré être compris dans la procédure.

Ah ! si les poursuites n'avaient pas été ordonnées, continue le ministre, vous n'auriez pas eu assez d'outrages à nous adresser. (*C'est vrai ! — Très bien !*) Parce que nous les avons ordonnées, vous cherchez à faire entendre que nous désirons couvrir les délits qui peuvent avoir été commis dans cette entreprise.

Eh bien ! l'opinion publique ne s'y trompera pas, et celui qui a dû prendre la responsabilité de cette décision ne la redoute pas, quoiqu'il s'expose à toutes les injures. Car enfin on serait vraiment tenté de croire qu'il n'est plus possible, en ce pays, de faire son devoir sans être en butte à la diffamation et à la calomnie. (*Applaudissements à gauche.*)

Il faut que la lumière soit entière : je vous affirme qu'elle le sera.

Mais si le gouvernement la veut éclatante, il n'entend du moins se servir que de moyens légaux, et sur ce point il ne transigera jamais. (*Applaudissements à gauche. — Mouvements divers.*)

Sur la demande de M. Lucien Millevoye et de M. le garde des sceaux, la question est transformée en interpellation.

M. Henri Brisson, président de la commission d'enquête, monte à la tribune.

Il rappelle les démarches faites par lui et par M. de Villebois-Mareuil, auprès du président du conseil, pour obtenir de lui qu'il prenne les mesures médico-légales qu'il convient, à l'effet d'établir si M. Jacques de Reinach est mort de mort violente ou non.

Aujourd'hui, continue l'orateur, à l'unanimité encore, la commission a maintenu sa décision première et m'a prié de la justifier, en quelques mots, devant la Chambre, si un incident était soulevé à cette occasion. (*Très bien! très bien!*)

Loin de moi la pensée de donner jamais à un homme politique, qu'il détienne les sceaux ou un autre portefeuille, le conseil de sortir de la légalité, mais ce que je crois pouvoir dire, en espérant avoir derrière moi, non pas seulement la commission d'enquête qui m'a donné mandat, mais l'opinion publique tout entière (*Très bien! très bien !*), c'est que dans certaines circonstances il faut rechercher dans ce qu'on appelle souvent l'arsenal des lois toutes les ressources qui permettent d'agir et non pas les raisons de s'abstenir. (*Vifs applaudissements.*)

N'avait-on pas, dans les précédents et dans la loi, des motifs suffisants d'agir, de prendre certaines mesures médico-légales auxquelles la commission d'enquête a fait allusion, d'apposer les
scellés, afin, je le répète, de faire tout ce qui était possible pour
trouver ce que nos magistrats étaient résolus à chercher au même
endroit, huit jours ou même quatre jours auparavant peut-être,
c'est-à-dire le secret de l'honneur d'une centaine de membres du
Parlement, et, nous a-t-on dit, de 5 à 600 autres citoyens? (*Très
bien! très bien! sur un grand nombre de bancs.*)

Messieurs, on peut discuter sur tel ou tel article du code d'instruction criminelle ; soyez-en assurés, l'opinion publique ne vou-
dra pas entrer dans ce débat sur des textes. (*C'est cela! — Très
bien!*) Elle nous dit, et elle nous le dit d'autant plus énergiquement
qu'elle est absolument sûre de votre sincérité, monsieur le garde
des sceaux, et de celle de tous vos collègues; elle dit : Vous avez
promis la lumière ; vous avez les moyens de la faire : faites-la !
(*Applaudissements répétés sur un grand nombre de bancs.*)

M. Lucien Millevoye dépose l'ordre du jour suivant :

« La chambre, regrettant que M. le garde des sceaux n'ait pas
pris, à la suite de la mort de M. de Reinach, les mesures que com-
portait la situation, passe à l'ordre du jour. » (*Mouvements divers.*)

M. Henri Brisson prie la Chambre de vouloir bien à cet
ordre du jour substituer celui-ci :

« La Chambre, s'associant au désir exprimé par sa commission
d'enquête, passe à l'ordre du jour. » (*Applaudissements.*)

M. Millevoye se rallie à cet ordre du jour.

M. Emile Loubet, président du conseil, ministre de l'intérieur, monte à la tribune :

Messieurs, dit-il, je ne peux pas laisser procéder au vote sans
apporter ici mon opinion. Je ne retiendrai pas, d'ailleurs, bien
longtemps l'attention de la Chambre.

L'honorable président de la commission d'enquête est venu à
cette tribune répondre à M. le garde des sceaux et je puis résumer
son discours sous cette forme nette, précise, qui ne prête à aucune
équivoque :

« Je ne sais pas si vous êtes dans la légalité ou si vous en sortez...»
(*Interruptions.*)

Sur plusieurs bancs à gauche. — Non! non! Il n'a pas dit cela!

M. Henri Brisson. — Je n'ai rien dit de pareil. Je proteste absolument contre cette interprétation donnée à mes paroles. Il s'agit de l'interprétation de la pensée de la commission d'enquête tout entière, et je proteste en son nom, au nom de tous ses membres, contre une pareille interprétation.

M. le président du conseil continue :

Si l'honorable président de la commission d'enquête m'avait permis d'exprimer toute ma pensée, il aurait vu que je n'avais pas l'intention de mettre en doute son opinion ou celle de la commission. J'allais en effet ajouter immédiatement que telle serait l'interprétation que le pays donnerait à ses paroles. (*Mouvements divers. — Bruit.*)

Messieurs, si vous ne voulez pas m'entendre, je descends de la tribune.

Je déclare qu'il ne nous est pas possible de gouverner dans ces conditions, et je n'ai pas autre chose à ajouter.

Le gouvernement repousse l'ordre du jour qui est présenté à la Chambre. (*Applaudissements sur divers bancs. — M. le président du conseil descend de la tribune. — Agitation prolongée.*)

M. le président du conseil, de son banc :

Nos intentions, nos actes sont suspectés matin et soir. Je dis et je répète qu'il n'y a pas de gouvernement possible dans ces conditions, au moins pour moi. (*Très bien ! très bien ! sur divers bancs. — Nouvelle agitation.*)

M. Maujan, d'accord avec M. Brisson, déclare que la commission modifie comme suit son ordre du jour : « *La Chambre, confiante dans le gouvernement et s'associant au désir de la commission d'enquête pour faire la lumière dans les affaires du Panama, passe à l'ordre du jour.* »

L'orateur déclare avoir pleine et entière confiance dans le Gouvernement, et estime qu'on ne doit pas ouvrir une crise ministérielle.

M. Loubet remercie M. Maujan, et déclare qu'il ne saurait accepter cet ordre du jour. M. Leygues demande l'ordre du jour pur et simple, qui est accepté par le Gouvernement.

A la majorité de 293 voix contre 195, l'ordre du jour pur et simple n'est pas adopté.

Aussitôt la proclamation du scrutin faite, les ministres quittent la salle des séances au milieu d'une vive agitation.

M. Maujan retire alors la première partie de son ordre du jour, qui reste rédigé comme suit :

« La Chambre, s'associant au désir de la commission d'enquête pour faire la lumière sur les affaires du Panama, passe à l'ordre du jour. »

A la majorité de 374 voix contre 1, cet ordre du jour est adopté.

La proclamation de ce résultat est suivie d'une longue agitation. Les ministres, en quittant la salle des séances, se sont réunis immédiatement dans le bureau de la Chambre qui leur est réservé. Là, ils ont rédigé, conformément à l'usage, une lettre de démission collective que M. Loubet a été chargé de remettre entre les mains de M. le Président de la République.

M. Carnot, qui était absolument d'accord avec le président du conseil et avec le garde des sceaux sur l'attitude à prendre en cette circonstance, a félicité M. Loubet de son attitude et l'a remercié de son dévouement.

Quelques minutes après, le conseil des ministres s'est réuni à l'Elysée. M. Carnot a renouvelé à chacun des membres du cabinet ses remerciements. Il a accepté ensuite officiellement et d'une façon définitive la démission du cabinet [1]. Cette démission figurait au *Journal officiel* du 29 novembre.

Ministère Ribot (6 décembre 1892).

Les circonstances dans lesquelles le ministère Loubet a été renversé faisaient prévoir que cette fois la crise serait de longue durée. Elle a, en effet, duré huit jours.

La Chambre des députés, en se prononçant pour la commission d'enquête, avait donné au Président de la République une indication bien précise sur le choix du chef du nouveau cabinet. Aussi, le lendemain, 29 novembre, M. Carnot confiait à M. Henri Brisson, qui acceptait, la mission de former ce cabinet. Mais après avoir consulté plusieurs hommes

1. L'*Eclair* du 30 novembre.

politiques, entre autres MM. Camille Pelletan, Casimir Périer, Raymond Poincaré, il rencontre de grandes hésitations à cause de son intention formelle d'exiger du Parquet la communication dés dossiers réclamés par la commission d'enquête, et finit par renoncer à sa mission.

M. Casimir Périer, appelé à son tour par M. Carnot, accepte de former un cabinet, mais il n'est pas plus heureux que M. Brisson. M. Develle est ensuite chargé par M. Carnot de faire des démarches auprès de certains hommes politiques. Le 5 décembre, M. Ribot, désigné à M. Carnot par MM. Loubet et Develle, est appelé à l'Élysée. Aussitôt il se met à l'œuvre ; le soir même, il compose son cabinet qui, par décrets du lendemain 6 décembre, insérés au *Journal officiel* du 7, était constitué de la manière suivante :

Présidence du conseil et affaires étrangères. Ribot[1].	Marine et Colonies. Burdeau[1].
Justice. Léon Bourgeois[1].	— Jamais[1].
Intérieur. Emile Loubet[1].	Instruction publique, beaux-arts et cultes. Charles Dupuy.
Finances. Rouvier[1].	Travaux publics. Viette[1].
Guerre. De Freycinet[1].	Commerce et industrie. Siegfried.
	Agriculture. Jules Develle[1].

Le 5 décembre, la Chambre des députés avait, par 333 voix contre 182, déclaré l'urgence sur une proposition de loi de M. Pourquery de Boisserin, tendant à conférer à la commission d'enquête du Panama les pouvoirs judiciaires les plus étendus. Par ce vote, la Chambre manifestait sa volonté formelle d'en finir au plus vite avec l'affaire du Panama. D'un autre côté, le choix de M. Bourgeois à la justice était un indice que le gouvernement, tout en assurant le respect de la légalité, emploierait tous les moyens en son pouvoir pour donner satisfaction à la Chambre des députés et à sa commission d'enquête.

1. Membre du cabinet précédent.

PARIS. — IMP. P. MOUILLOT, 13, QUAI VOLTAIRE. — 54278.

GOUVERNEMENTS

MINISTÈRES ET CONSTITUTIONS

DE LA FRANCE

DEPUIS CENT ANS

DEUXIÈME SUPPLÉMENT

SOMMAIRE

Modification au ministère du 6 décembre 1892.
1892. 13 déc. Finances, Tirard.
Démission de M. Rouvier, ministre des finances.
(13 décembre 1892.)

Le 8 décembre 1892, M. Ribot, président du conseil, lit à la Chambre des députés une déclaration ministérielle qui est accueillie par de vifs applaudissements. Aussitôt après, M. Hubbard interpelle le gouvernement sur « les conditions dans lesquelles il entend prêter son concours à la commission d'enquête de Panama ». M. Léon Bourgeois, garde des sceaux, répond que le gouvernement consent à donner satisfaction à la commission d'enquête sur les trois points suivants : autopsie du corps du baron de Reinach [1], saisie et examen de ses papiers et communication à la commission du dossier de l'instruction judiciaire [2].

La Chambre vote alors, par 307 voix contre 100, un ordre du jour de confiance dans le gouvernement, présenté par M. Félix Faure.

Le 12 décembre, M. Rouvier, ministre des finances, est accusé, dans un journal du matin [3], d'avoir eu des entrevues compromettantes avec le baron de Reinach, pendant les dernières heures de sa vie. Cet article est confirmé en partie le lendemain dans une lettre publiée par M. Clémenceau dans la *Justice*. Le bruit court qu'à la suite de ces révélations, M. Rouvier a démissionné.

1. L'exhumation, faite le 10 décembre à Nivillers (Oise) par M. le docteur Brouardel, a permis de constater l'identité du baron de Reinach, mais il a été impossible, vu l'état de décomposition des viscères, de reconnaître s'il y avait eu empoisonnement ou non.
2. M. Quesnay de Beaurepaire, procureur général, était catégoriquement opposé à ces trois mesures; il était décidé à se laisser révoquer plutôt que d'en sanctionner une seule. Pour couper court à cet incident, M. Léon Bourgeois a nommé M. Quesnay de Beaurepaire président de chambre à la cour de cassation, et lui a donné pour successeur M. Tanon, conseiller à la même cour.
3. Le *Figaro* publiait sur M. Cornélius Herz un article où il accusait ce dernier, ancien actionnaire de la *Justice*, « de se servir de ce journal pour lancer des combinaisons d'affaires qui presque toutes eurent une heureuse issue ».

Le même jour, 13 décembre, à la Chambre des députés, M. Trouillot demande à interpeller le gouvernement sur le point de savoir s'il est exact que le ministre des finances ait donné sa démission, et sur les causes par lesquelles cette démission aurait été provoquée.

Le gouvernement accepte la discussion immédiate de l'interpellation.

M. Ribot, président du conseil, dit que M. Rouvier venait, en effet, de donner sa démission en raison d'une lettre parue dans les journaux du matin; mais que cette lettre « n'entachait en rien l'honneur du ministre des finances »; qu'il avait insisté pour faire revenir M. Rouvier sur sa détermination, mais qu'il avait dû s'incliner « devant une décision qui s'inspire de justes motifs de conscience et de dignité ».

M. Rouvier monte ensuite à la tribune pour présenter sa justification. Il explique que, le 19 novembre dernier, le baron de Reinach, fort ému par la campagne de presse dirigée contre lui, a insisté pour qu'il voulût bien l'accompagner chez M. Cornélius Herz, afin de prier ce dernier de l'aider à faire cesser ces attaques; que c'était pour lui une question de vie ou de mort. M. Rouvier a consenti à lui rendre ce service, mais à la condition qu'il y eût un témoin. M. Clémenceau a accepté d'être ce témoin. Ils se sont rendus tous trois chez M. Cornélius Herz. L'entretien a duré dix minutes, après quoi M. Rouvier est rentré chez lui. M. Rouvier termine en disant que, « pour répondre plus facilement aux calomnies dont il est abreuvé, il reprend sa place parmi ses collègues de la Chambre ».

M. Paul Déroulède prend ensuite violemment à partie M. Rouvier. Il lui reproche d'avoir voulu sauver des mains de la justice son ami le baron de Reinach, et de s'être placé, pour cette démarche, aux côtés d'un homme dont le nom lui paraît à cette heure si redoutable et si compromettant : « M. Cornélius Herz, cet Allemand mal naturalisé Américain, cet agent cosmopolite d'affaires véreuses, qui est impudemment venu apporter chez nous tout un système de corruption et de dégradations morales ».

Après cet incident, les ministres se sont réunis en conseil de cabinet au ministère des affaires étrangères sous la présidence de M. Ribot, qui a décidé d'accepter la démission de

M. Rouvier. M. Ribot a ensuite téléphoné à M. Tirard, qui représentait alors la France à Bruxelles auprès de la conférence monétaire, pour lui offrir la succession de M. Rouvier. M. Tirard « a considéré qu'il avait le devoir de ne pas se dérober dans les circonstances présentes, et il a accepté l'offre qui lui était faite [1] ».

Par décret du même jour, M. Tirard est alors nommé ministre des finances.

PROCÈS DE PANAMA[2].

Arrestation des Administrateurs de Panama.

La proposition de M. Pourquery de Boisserin sur les pouvoirs de la commission d'enquête de Panama, dont le rapport a été déposé le 13 décembre, vient en discussion le 15 décembre. M. Brisson, président de la commission d'enquête, demande l'ajournement de la discussion. M. Léon Bourgeois, garde des sceaux, combat l'ajournement. Dans un discours qui soulève les applaudissements unanimes de la gauche, il explique à la Chambre que cette proposition le dépossède, lui, chef de la justice, de l'action publique, et qu'elle la fait passer dans des mains qui ne sont pas responsables. « Le gouvernement, d'ailleurs, dit-il, ne saurait se contenter d'un vote de confiance à terme ; c'est immédiatement que la Chambre doit se prononcer sur le fond de cette proposition, et faire savoir au gouvernement si elle est disposée à l'accepter ou à la rejeter. »

Il termine ainsi :

Et comme cette question, je le répète, est une question de confiance, nous vous demandons la discussion immédiate, et nous ne resterons pas au pouvoir si vous ne nous l'accordez pas. (*Applaudissements vifs et répétés au centre et à gauche.*)

M. Ribot, président du conseil, appuie cette déclaration

1. *Agence Havas* du 13 décembre 1892.
2. Pour faciliter l'intelligence des changements politiques causés par l'*Affaire de Panama*, nous avons jugé utile de donner un résumé très succinct des incidents parlementaires et judiciaires auxquels cette affaire a donné lieu.

dans un discours frénétiquement applaudi par la majorité.
On passe au vote. La discussion immédiate, réclamée par le
gouvernement, est adoptée par 410 voix contre 103.

Dans la discussion générale, M. Léon Bourgeois combat la
proposition Pourquery de Boisserin. « Le gouvernement,
dit-il, donnera son concours absolu à la commission d'enquête ; il poursuivra la recherche de la vérité, et dès à présent, il est disposé à ouvrir judiciairement un supplément
d'information pour faits de corruption. Mais précisément
pour cette raison, il conjure la Chambre de ne pas déposséder
le gouvernement de son autorité et de ne pas passer à la
discussion des articles. »

Au nom de la majorité de la commission d'enquête,
M. Brisson demande à la Chambre de voter la proposition.
M. Ribot conjure de nouveau M. Brisson de ne pas diviser le
parti républicain, puis il pose nettement la question de
confiance. On vote. Un pointage est nécessaire. Le passage
à la discussion des articles est repoussé par 271 voix
contre 265. C'est le gouvernement qui triomphe.

Le soir même, 15 décembre, M. Léon Bourgeois donne
l'ordre au procureur général de faire ouvrir une information
pour corruption de fonctionnaires publics, et le lendemain 16,
en vertu de cette information confiée à M. Franqueville, juge
d'instruction, quatre mandats d'arrêt sont lancés contre
MM. Charles de Lesseps, Marius Fontane, Henri Cottu,
administrateurs de la Compagnie de Panama, et M. Sans-
Leroy, ancien député. Trois d'entre eux sont arrêtés à leur
domicile, à six heures du matin, conduits au dépôt et de là
à Mazas. M. Cottu avait pris la fuite[1]. En outre, des papiers
compromettants ont été saisis le même jour au siège de la
Compagnie de Panama, à la banque Thierrée et chez M. Cornélius Herz.

Poursuites contre dix membres du Parlement.

Le 3 décembre, le parquet avait déjà fait saisir à la banque Thierrée 26 chèques s'élevant à plus de 3 millions, pro-

---

1. M. Cottu s'est rendu à Vienne (Autriche). Il est venu se constituer
prisonnier le 20 décembre suivant.

venant des fonds de la Compagnie de Panama, et qui avaient été remis par elle au baron de Reinach pour gagner des influences à l'entreprise. M. Thierrée avait déclaré que les talons de ces chèques avaient été brûlés. Mais le garde des sceaux, ayant appris qu'ils n'étaient pas détruits et qu'ils avaient été photographiés, les a fait saisir par le juge d'instruction. Ces talons portaient les lettres initiales de plusieurs membres du Parlement qui paraissaient mis en cause dans l'affaire du Panama [1].

[1]. D'autre part, M. Andrieux, ancien député, ancien préfet de police, dans un numéro de la *Libre Parole*, désignait par leurs initiales les noms de ces membres du parlement. A la suite de cette publication, il a été appelé le 22 décembre devant la commission d'enquête. Au cours de sa déposition, il a produit des documents importants consistant en notes manuscrites de M. de Reinach, carnet de chèques, etc. Parmi ces documents figurait la note photographiée ci-après, émanant de M. Arton :

« Il est facile de se rendre compte à la Banque de France que les distributions suivantes ont été faites à l'occasion de l'affaire de Panama, par chèque daté du 19 juillet 1888 :

Chèque de 20.000 francs touché par M. Arène, député, acquitté par M. Orsatti, son secrétaire.

Chèque de 20.000 francs touché par M. Devès, sénateur, acquitté par M. Castelbon, son secrétaire.

Chèque de 550.000 francs touché par M. Barbe, ancien ministre décédé, acquitté par M. Chevillard, son secrétaire.

Chèque de 20.000 francs touché par M. Albert Grévy, sénateur, acquitté par lui-même.

Chèque de 20.000 francs touché par M. Jules Roche, député, acquitté par M. Schmidt, son employé.

Chèque de 25.000 francs touché par M. Dugué de la Fauconnerie, député, acquitté par son employé.

Chèque de 20.000 francs touché par M. Aigoin, pour le compte de M. Floquet, député.

Chèque de 40.000 francs touché par M. Rouvier, ancien ministre, acquitté par M. Vlasto.

Chèque de 80.000 francs, touché par M. Cloetta, employé de la maison Cahen, d'Anvers, pour le compte de M. X... (Ici le nom a été coupé par M. Andrieux) et quatre autres députés dont les noms peuvent être retrouvés et parmi lesquels figure un personnage influent.

Chèque de 40.000 francs touché par M. Pesson, ancien député, décédé, acquitté par M. Favre, garçon de recette.

Chèque de 50.000 francs touché par M. Rouvier, acquitté par un garçon de recette du Crédit mobilier dont M. Vlasto était président.

Chèque de 25.000 francs touché par M. Léon Renault, sénateur.

A la suite de cette découverte, le gouvernement, sur la proposition de M. Léon Bourgeois, garde des sceaux, dépose le 20 décembre deux demandes en autorisation de poursuites : l'une au Sénat contre MM. Albert Grévy, Léon Renault, Paul Devès, Béral et Thévenet, sénateurs ; l'autre à la Chambre des députés, contre MM. Rouvier, Jules Roche, Antonin Proust, Emmanuel Arène et Dugué de la Fauconnerie, députés.

Ces poursuites sont autorisées le jour même à la Chambre des députés, et au le Sénat le 23 décembre. C'est ce même jour, 20 décembre, que M. Paul Déroulède interpelle le gouvernement « sur les mesures disciplinaires à prendre par le grand chancelier de la Légion d'honneur contre M. Cornélius Herz, grand-officier de l'Ordre » [1].

Chèque de 20.000 francs touché par M. Gobron, ancien député, acquitté par M. Praslon, son banquier.

Chèque de 20.000 francs touché par M. Antonin Proust, député, acquitté par Buster, son domestique (13.725 francs ont été mis à son compte à la banque de Niort, 6.275 francs ont été touchés à Paris).

Chèque de 40.000 francs touché par M. Béral, sénateur, acquitté par M. Audinger, son employé.

Chèque de 25.000 francs touché par M. Thévenet, sénateur, ancien ministre, acquitté par D. Dupuy.

1.340.000 francs touchés en divers chèques aux mêmes époques par M. Arton et distribués à 104 députés dont il peut fournir la liste et qui ont reçu des sommes variant de 1.000 francs à 300.000 francs (ce dernier chiffre pour M. Sans-Leroy, ancien député) ; il faut aussi y comprendre M. Henry Maret, député, et M. Le Guay, ancien sénateur.

En plus, il a été remis 250.000 francs à M. Floquet, alors président du conseil, pour usages gouvernementaux. »

M. Andrieux a déclaré à la commission d'enquête que l'original de cette note était entre les mains de M. Cornélius Herz. Mandé devant le juge d'instruction, M. Andrieux lui a soumis les mêmes documents. Interrogé sur le nom découpé dans la note, il a déclaré que c'était celui d'un personnage considérable, mais qu'il avait donné sa parole de ne pas le nommer.

Le 18 janvier suivant, M. Franqueville a fait saisir à la banque Offroy et Cie 1.010 chèques signés par M. Arton en faveur d'hommes politiques, de journalistes et de financiers. Le même jour, M. Stéphane, employé de la banque Propper, ancien secrétaire du baron de Reinach, a déclaré à la commission d'enquête que, sous la dictée du baron, il a dressé la liste mentionnée plus haut et que, par l'ordre de M. de Reinach, il a porté cette liste chez M. Clémenceau, député, qui devant la commission d'enquête, a nié l'avoir reçue.

1. Par ordre du gouvernement français, le docteur Cornélius Herz a

Parlant de l'attitude de M. Clémenceau, député, vis-à-vis de M. Cornélius Herz, M. Paul Déroulède s'exprime ainsi :

Ce complaisant, ce dévoué, cet infatigable intermédiaire si actif et si dangereux, vous le connaissez tous, son nom est sur toutes vos lèvres; mais pas un de vous, pourtant, ne le nommerait, car il est trois choses en lui que vous redoutez : son épée, son pistolet, sa langue. Eh bien! moi, je brave les trois et je le nomme : c'est M. Clémenceau ! (Mouvement.)

Dans sa réplique, M. Clémenceau, accusé par M. Paul Déroulède d'avoir trahi les intérêts de la France, termine en lui adressant cette apostrophe : « Vous en avez menti ». Cet incident s'est terminé par un duel qui a eu lieu le 22 décembre, et dans lequel six balles ont été échangées sans résultat.

Interpellation de M. Lucien Millevoye, visant MM. Rouvier et Floquet, anciens présidents du conseil des ministres.

L'instruction du procès a fait ressortir que la Compagnie de Panama avait versé des sommes importantes, à titre de publicité, à un grand nombre de journaux dont quelques-uns auraient directement ou indirectement, aidé le gouvernement à combattre le boulangisme aux élections législatives de 1888 et 1889. MM. Rouvier et Floquet, en leur qualité d'anciens présidents du conseil des ministres, ont dû s'expliquer à la tribune de la Chambre des députés au sujet des sommes que, d'après les documents versés à l'instruction, ils auraient reçues pour usages gouvernementaux.

A la séance du 20 décembre, jour de l'autorisation des poursuites, M. Rouvier s'était déjà expliqué à ce sujet :

été arrêté le 20 janvier 1893 à l'hôtel Tankerville, à Bournemouth (Angleterre), sous l'inculpation de complicité d'escroquerie et d'abus de confiance dans l'affaire de Panama. Il est encore actuellement dans cette ville, retenu par le mauvais état de sa santé, et gardé vue par la police anglaise, jusqu'à ce qu'il soit statué par les tribunaux anglais sur la demande d'extradition formulée par le gouvernement français.

Par décret du 27 janvier 1893, il a été radié des cadres de la Légion d'honneur « pour faits portant atteinte à l'honneur, pour manœuvres et pression violente, et faits de chantage résultant d'une dépêche du 10 juillet 1888 et d'une lettre du 28 novembre de la même année, dans le but d'arracher à M. de Reinach le payement de sommes considérables (plus de 2 millions appartenant à la Compagnie de Panama »).

A côté des hommes politiques, avait-il dit, il y a des financiers qui, quelquefois, donnent leur concours, quand cela est nécessaire, pour la défense du gouvernement.

Oui, je n'ai pas trouvé dans les fonds secrets, pour les appeler par leur nom, les ressources dont j'avais besoin, et j'ai fait appel à la bourse de mes amis. On accuse quelquefois les hommes politiques d'avoir emporté les fonds secrets; eh bien! vous voyez devant vous un homme qui non seulement ne les a pas emportés, mais qui a emprunté à ses amis pour faire face à l'insuffisance de ces fonds. (*Interruptions à droite.*)

Oui, dans tous les pays, dans tous les temps, tous les hommes politiques ont fait, avec le concours d'amis qui assurément ne rendaient pas un service inavouable, les opérations qui sont nécessaires quand on traverse des temps difficiles. (*Interruptions sur divers bancs à gauche.*)

Quant à ceux qui m'interrompent, — j'ignore qui ils sont — s'ils avaient été autrement défendus et servis, peut-être ne seraient-ils pas sur ces bancs à l'heure qu'il est. (*Exclamations à droite.*)

M. Floquet, président de la Chambre des députés, accusé par certains journaux d'avoir, en 1888, alors qu'il était président du conseil, ministre de l'intérieur, reçu 300.000 francs de la Compagnie de Panama pour combattre le général Boulanger dans les élections de Paris et du Nord, avait comparu le 22 décembre devant la commission d'enquête, et s'était exprimé dans les termes suivants :

J'aurais poussé la candeur un peu loin si j'avais pu me figurer que, dans la répartition du fonds spécial destiné à la publicité des journaux et régulièrement touché par eux, les influences politiques ne s'exerceraient pas, et si, m'enfermant dans une indifférence qui eût été une véritable abdication, je n'avais pas, au moyen des informations que j'ai recherchées et des communications qui m'ont été spontanément faites, observé et suivi d'aussi près que possible cette répartition, non pas au point de vue commercial, qui ne me regardait pas, mais au point de vue politique qui intéressait l'État.

A cette action qui était de l'essence même de la fonction du ministre chargé de la sûreté générale, ne s'est mêlée aucune exigence, ni aucun maniement d'argent, et je répète que jamais la Compagnie de Panama n'a ajouté aucun complément aux fonds secrets du gouvernement.

Le lendemain 23 décembre, M. Lucien Millevoye dépose

à la Chambre des députés une demande d'interpellation :

Sur la situation qui est faite au gouvernement et à la Chambre par les aveux de deux ex-présidents du conseil des ministres, et sur la part de responsabilité qui en découle pour le gouvernement dans le détournement des fonds appartenant aux obligataires de la Société de Panama.

Le gouvernement accepte la discussion immédiate. Cette interpellation a donné lieu à un débat passionné. M. Lucien Millevoye expose que « quand les modestes travailleurs des villes et des campagnes ont tiré de leurs bas de laine leurs économies, aucun d'eux n'a pu soupçonner que cet argent était destiné à servir une propagande politique quelconque ». L'orateur termine en exprimant l'espoir que le gouvernement repoussera cette théorie « que la raison d'État justifie tout ».

M. Floquet, qui a cédé le fauteuil de la présidence à M. Peytral, vice-président, pour aller prendre place à l'extrême gauche, monte à la tribune : [1]

Je ne m'attendais pas, dit-il, à l'âge que j'ai atteint, après quarante années d'une probité que personne n'a jamais soupçonnée ni contestée (*Applaudissements à gauche*), à me trouver mêlé à des accusations déshonorantes. Avant de porter dans une interpellation qui s'adressait au président de cette assemblée le mot de détournements dont il demande la restitution, M. Millevoye aurait dû réfléchir.

Je ne peux pas admettre, continue-t-il, que lorsqu'une Compagnie puissante a déterminé un chiffre pour les subventions à donner à toute la presse de Paris, des départements, du pays tout entier, le gouvernement ne s'inquiète pas de savoir où va tout cet argent. C'est là ce que j'ai fait, c'est là ce que je ferais demain si j'étais de nouveau au pouvoir, et je le referais avec la même restriction qu'à cette action légitime du gouvernement chargé de la sûreté générale ne s'est mêlée aucune exigence ni aucun maniement

---

1. Ces explications, qui ne sont que la paraphrase de la déclaration faite la veille par M. Floquet devant la commission d'enquête, n'ont pas satisfait la majorité de la Chambre des députés; aussi le 10 janvier suivant, jour d'ouverture de la session de 1893, M. Floquet, s'étant présenté de nouveau à la présidence, a échoué. C'est M. Casimir-Perier qui a été élu président de la Chambre des députés par 254 voix sur 409 votants.

d'argent, c'est-à-dire que je n'ai rien demandé, que je n'ai rien reçu. (*Applaudissements à gauche et sur divers bancs au centre. — Exclamations à droite et sur quelques bancs à l'extrémité gauche de la salle.*)

A son tour, M. Rouvier monte à la tribune, et expose sa défense au milieu des violentes interruptions de la droite.

Il déclare à la Chambre que jamais le gouvernement dont il a été le chef n'a demandé, ni obtenu, ni conseillé la distribution d'un centime venant de la Compagnie de Panama. Il n'ignorait pas le chiffre de la formidable publicité du Panama. Il n'ignorait pas, comme tout le monde, du reste, que cette distribution de fonds était générale, universelle, et qu'elle a profité à tous les journaux, républicains ou d'opposition. Il explique ensuite qu'au moment des manifestations tumultueuses et des incidents de la gare de Lyon, qui ont eu lieu à propos du général Boulanger, le gouvernement a eu besoin d'une somme importante pour contribuer à la pacification des esprits et à l'ordre dans la rue. Ne voulant pas découvrir les fonds secrets, il s'est adressé à des amis personnels qui lui ont avancé des sommes considérables. Une première somme de 100.000 francs lui a été avancée par M. Vlasto. Il la lui a remboursée sur les échéances des fonds secrets. La seconde opération est plus délicate. M. Vlasto a prêté au gouvernement une autre somme de 50.000 francs qui lui a été remboursée par M. le baron de Reinach, mais lui M. Rouvier, n'a connu que dans ces derniers temps l'origine de la somme qui a servi à éteindre cette dette.

M. Rouvier termine ainsi :

Je ne trouve dans mes actes rien qui puisse avoir un caractère indélicat. Ces actes, je les ai accomplis en traversant les temps les plus troublés de notre histoire contemporaine. J'en revendique la responsabilité devant la Chambre et les juridictions ordinaires. J'ai la conscience d'avoir défendu l'indépendance de mon pays, la liberté de nos institutions, la République, le gouvernement parlementaire. (*Applaudissements.*)

Revenant sur une phrase prononcée par lui le 20 décembre précédent, et mal interprétée par quelques-uns, M. Rouvier s'exprime ainsi :

Ce que je voulais dire l'autre jour, c'est que si vous aviez été autrement défendus, républicains qui m'écoutez, et vous, parlementaires libéraux dont j'ai eu à certains moments le concours, nous ne serions pas ici, nous couvririons les routes de l'exil, comme on l'a vu à une autre époque. (*Applaudissements sur plusieurs bancs à gauche et au centre. — Exclamations à droite et à l'extrémité gauche de la salle.*)

M. Ribot, président du conseil, monte ensuite à la tribune, et dans un discours éloquent, interrompu à chaque instant par les applaudissements de la gauche, il démontre le but politique des accusateurs :

Ici, on vient, dit-il, pour faire un scandale, pour faire le procès de la République et du gouvernement représentatif. Cela, nous ne le souffrirons jamais. Nous ne nous laisserons ni troubler ni intimider. Nous continuerons avec fermeté l'œuvre qui a été entreprise et dont le pays sera le dernier juge. Mais, en même temps, nous surveillerons, comme c'est notre devoir, la campagne qui se poursuit en ce moment, et sur le caractère de laquelle nous ne saurions nous tromper sans trahir la République.

Ces déclarations valent à M. Ribot une ovation de la part de toute la gauche. M. Millevoye dépose ensuite l'ordre du jour suivant :

La Chambre, convaincue que le gouvernement désapprouve les théories gouvernementales apportées à cette tribune par deux anciens présidents du conseil, passe à l'ordre du jour.

Mais la priorité est accordée à l'ordre du jour suivant présenté par M. Hubbard :

La Chambre, approuvant les déclarations du gouvernement, et confiante dans sa fermeté pour assurer l'œuvre de justice et de lumière qui s'impose, passe à l'ordre du jour.

Cet ordre du jour, accepté par le gouvernement, est adopté par 352 voix contre 83.

Arrestation de MM. Baïhaut et Blondin.

Le 4 janvier 1893, à la suite de perquisitions pratiquées dans les bureaux du Crédit Lyonnais, M. Blondin, fondé de

pouvoirs, mandé par M. Franqueville comme témoin dans
l'affaire de Panama, est écroué à Mazas. Le juge d'instruction
avait aussi trouvé un chèque de 500.000 francs paraissant se
rapporter à M. Baïhaut, député. A la suite d'une confronta-
tion de ce dernier avec MM. Ch. de Lesseps et Blondin,
M. Baïhaut est arrêté le 9 janvier, veille de la rentrée des
Chambres. Le lendemain, à l'audience de la cour d'appel,
M. Ch. de Lesseps déclare que M. Baïhaut, qui, en qualité
de ministre des travaux publics, avait, le 17 juin 1886, signé
et déposé à la Chambre des députés le projet de loi relatif à
l'émission des obligations à lots du Panama, lui avait fait demander un million, en disant *que si le million ne lui était pas
versé, le projet de loi ne serait pas voté*. M. Ch. de Lesseps
ajoute que M. Baïhaut a reçu 375.000 francs.

Démission du premier ministère Ribot (10 janvier 1893).

Le 10 janvier 1893, jour de la rentrée des Chambres et
de l'ouverture des débats du procès de Panama, le conseil
des ministres s'est terminé par un coup de théâtre:

« Dans cette séance, il a été reconnu d'un commun accord
qu'en présence de la gravité de la situation à l'intérieur, il
paraissait indispensable que la présidence du conseil fût
attribuée au ministre de l'intérieur.

« Le seul moyen d'arriver à ce résultat parut être de donner une démission collective, quitte à reconstituer le nouveau
cabinet avec des éléments pris dans le cabinet actuel.

« Cette résolution de principe ayant été prise, M. Loubet
déclara que, pour des raisons personnelles [1], notamment en
raison de son état de santé, il ne désirait point faire partie
du nouveau ministère.

« M. de Freycinet déclara également qu'en présence de la
campagne que dirigeaient contre lui la plupart des jour-

1. M. Loubet avait été vivement critiqué par la presse au sujet d'une
interview qu'il avait eue à Montélimar avec un rédacteur du *Petit Mar-
seillais*, et au cours de laquelle il avait défendu chaleureusement la
réputation de M. Rouvier et blâmé la Chambre d'avoir, en autorisant
les poursuites contre un homme aussi digne d'estime, « cédé à l'embal-
lement du débat » et, « dans une explosion de pudeur exagérée, certainement dépassé le but ».

naux [1], sans tenir compte des services qu'il a rendus au pays depuis vingt ans, il lui paraissait préférable de ne point figurer dans le nouveau cabinet [2].

« C'est à la suite de cette délibération que M. Ribot, ayant remis à M. le président de la République la démission collective des ministres, fut chargé par le chef de l'État de constituer un nouveau cabinet, où il serait à la fois président du conseil et ministre de l'intérieur [3]. »

Le *Journal officiel* du 11 janvier contenait une note datée du 10, et mentionnant l'acceptation par M. Carnot de la démission collective des ministres et du sous-secrétaire d'État aux colonies.

Deuxième ministère Ribot (11 janvier 1893).

Le jour même, M. Ribot est parvenu à former le nouveau cabinet qui, par décrets du 11 janvier, était constitué de la manière suivante :

Présidence du conseil et intérieur. Ribot [4], député.	Instruction publique, beaux-arts et cultes. Charles Dupuy [4], député.
Justice. Léon Bourgeois [4], député.	Travaux publics. Viette [4], député.
Affaires étr. Jules Develle [4], député.	Commerce, industrie et colonies.
Finances. Tirard [4], sénateur.	Siegfried [4], député.
Guerre. Général Loizillon.	— *Delcassé* [6], député.
Marine. Vice-amiral Rieunier [5].	Agriculture. Viger, député.

1. Le matin même, le *Gaulois* publiait un article où il accusait M. de Freycinet, ministre de la guerre, d'avoir contraint les directeurs des six grandes compagnies de chemins de fer, malgré leurs protestations, d'adapter le frein Wenger à tout le matériel de mobilisation, et cela, dans le but d'être agréable au syndicat propriétaire de ce frein et qui était dirigé par M. Cornélius Herz et le baron de Reinach. D'autre part, le *Journal* du 12 janvier 1893 insinue que, dans les documents saisis par M. Franqueville, il s'en serait trouvé de compromettants pour M. de Freycinet, et desquels il résultait notamment qu'il aurait disposé pour des besoins politiques d'une somme de deux millions provenant de la caisse du Panama.

2. M. Burdeau était aussi attaqué par la presse au sujet d'articles favorables à l'entreprise du Panama qu'il avait écrits en 1888.

3. *Agence Dalziel* du 10 janvier 1893.

4. Membre du cabinet précédent.

5. Nommé le lendemain 12 janvier. Par décret du 11 janvier, M. Ribot avait été chargé par intérim de ce portefeuille.

6. Nommé seulement le 17 janvier suivant et chargé spécialement de l'administration des colonies.

Modifications au ministère du 11 janvier 1893.

1893. 12-15 mars. Intérim de la justice, Jules Develle.
—   15 mars. Justice, Léon Bourgeois.

*Arrêt de la cour d'appel contre les administrateurs
de Panama (9 février 1893).*

Le 9 février 1893, la 1ʳᵉ chambre de la cour d'appel de
Paris, après quinze audiences, a rendu son arrêt contre les
administrateurs de Panama. Aux termes de cet arrêt,
MM. Ferdinand et Charles de Lesseps ont été condamnés à
cinq ans de prison et à 3.000 francs d'amende : MM. Marius
Fontane et Henri Cottu à deux ans de prison et 3.000 francs
d'amende pour manœuvres frauduleuses, escroquerie et
abus de confiance ; et M. Eiffel à deux ans de prison et
20.000 francs d'amende, pour abus de confiance et détournements s'élevant à plusieurs millions [1].

MM. Charles de Lesseps, Cottu, Fontane et Eiffel ont formé
leur pourvoi en cassation contre cet arrêt, en invoquant la
prescription. Ils excipaient de ce qu'un délai de plus de
trois ans s'était écoulé depuis le 16 décembre 1888, jour où
les administrateurs de Panama ont été remplacés dans leurs
fonctions par des administrateurs provisoires, jusqu'au 21 novembre 1892, date de leur citation en justice.

Par un arrêt du 15 juin 1893, la cour de cassation a admis
ces motifs ; elle a déclaré que la cour d'appel de Paris avait
violé formellement l'article 479 du Code d'instruction criminelle. Elle a, en conséquence, annulé l'arrêt de la cour
d'appel du 9 février, et ordonné la mise en liberté des prévenus. MM. Eiffel et Fontane ont été immédiatement relaxés.
M. Ch. de Lesseps a continué à subir la peine d'un an de
prison à lui infligée par l'arrêt de la cour d'assises du
21 mars. M. Henri Cottu, réfugié à Vienne (Autriche), a
été déchu de son pourvoi pour ne pas s'être constitué prisonnier.

1. Il résulte de l'instruction du procès que, sur les fonds de la Compagnie de Panama, M. Eiffel a perçu indûment 33 millions. (*Audience
du 18 janvier 1893.*)

Ordonnances relatives au procès pour corruption.

Le 28 janvier 1893, M. Franqueville a rendu ses ordon-
nances dans le procès pour corruption de fonctionnaires.
MM. Jules Roche et Emmanuel Arène, députés, et M. Thévenet, sénateur, ont bénéficié d'un non-lieu. Ont été renvoyés
devant la chambre des mises en accusation, comme inculpés
de corruption et de complicité de corruption : MM. Ch. de
Lesseps, Cottu, Fontane, administrateurs ; Rouvier, Antonin
Proust, Dugué de la Fauconnerie, Baïhaut, députés ; Sans-
Leroy et Gobron, anciens députés ; Paul Devès, Léon
Renault, Albert Grévy, Béral, sénateurs, et Blondin, fondé de
pouvoirs du Crédit Lyonnais.

Le 7 février suivant, la chambre des mises en accusation,
présidée par M. Bérard des Glajeux, a rendu son arrêt : cinq
des prévenus ont été mis hors de cause. Ce sont : MM. Cottu,
Albert Grévy, Léon Renault, Paul Devès et Rouvier. Les
dix autres inculpés ont été renvoyés devant la cour d'assises
de la Seine pour y être jugés. Ce sont : MM. Ch. de Lesseps,
Fontane, Blondin, Baïhaut, Sans-Leroy, Gobron, Béral,
Proust, Dugué de la Fauconnerie et Arton[1].

Cet arrêt a causé un grand étonnement et un mécontente-
ment général. Aussi, le lendemain, 8 février, à la Chambre
des députés, M. Goussot interpelle le gouvernement « sur la
question de savoir si, après épuisement des juridictions ordinaires, aucun jugement n'ayant été rendu, il ne reste pas
une sanction politique à donner aux mesures dont M. le garde
des sceaux avait pris l'initiative à l'égard de dix membres du
Parlement ».

Au cours de la discussion, M. Goussot rappelle et interprète les déclarations de M. Rouvier à la tribune et devant la
commission d'enquête. Il affirme même que dans le bureau
dont il faisait partie, M. Rouvier a menacé le gouvernement

---

1. Dans le procès du 10 janvier devant la cour d'appel, M. Arton était
déjà sous le coup d'un mandat d'arrêt sous l'inculpation de faux, ban-
queroute frauduleuse et abus de confiance. Il est en fuite depuis le commencement des poursuites, et malgré toutes ses recherches, la police n'a
pas encore réussi à le découvrir ; en sorte que les deux principaux cou-
pables, Cornélius Herz et Arton, ont échappé jusqu'ici à l'action de la
justice.

de révélations. Il conclut en déclarant que le pays attend un acte de justice et de probité, et condamnerait toute parole de faiblesse et de complaisance. M. Godefroy Cavaignac monte ensuite à la tribune. Il prononce un discours dont chaque phrase est saluée par les applaudissements du centre. Il flétrit en termes énergiques les faits de corruption qui se sont produits dans l'affaire de Panama, et blâme les déclarations qui ont été apportées à cette tribune par deux anciens chefs de gouvernement. Il termine en déposant l'ordre du jour suivant :

La Chambre, décidée à soutenir le gouvernement dans la répression de tous les faits de corruption, et résolue à empêcher le retour des pratiques gouvernementales qu'elle réprouve, passe à l'ordre du jour.

Après une réplique de M. Ribot, président du conseil, l'ordre du jour de M. Cavaignac est adopté à l'unanimité des 522 votants. Ensuite, sur la proposition de MM. Paul Déroulède, Horace de Choiseul et plusieurs de leurs collègues, la Chambre, par 325 voix contre 47, vote l'affichage du discours de M. Cavaignac dans toutes les communes de France.

Démission de M. Léon Bourgeois, ministre de la justice (11 mars 1893).

Le pourvoi de MM. de Lesseps, Fontane, Baïhaut et Sans-Leroy contre l'arrêt de la chambre des mises en accusation du 7 février, a été rejeté le 23 février, et le procès pour faits de corruption a commencé devant la cour d'assises de la Seine le 8 mars suivant. Il a occupé onze audiences. Plusieurs hauts personnages politiques ont été convoqués à la barre. MM. Floquet, Clémenceau et de Freycinet ont été entendus comme témoins à l'audience du 10 mars.

Le 14 mars, M. Constans, sénateur, a été entendu comme témoin au sujet de propos qu'il aurait tenus. MM. Salis, Mège et le comte Cafarelli, députés, avaient affirmé devant la commission d'enquête que M. Yves Guyot étant ministre des travaux publics, leur avait dit avoir entendu M. Constans, alors ministre de l'intérieur, prononcer au conseil des ministres, en frappant sur son portefeuille, les paroles suivantes :

3

« J'ai là les noms de 104 gens qui ont tripoté dans le Panama, et je vais les remettre à M. le Président de la République[1]. »

M. Constans affirme devant la cour d'assises ce qu'il a déjà dit à la commission d'enquête, qu'il n'a jamais eu ni vu aucune liste. Il renouvelle cette affirmation quelques instants après à la séance du Sénat, à propos d'une interpellation de M. Halgan sur l'incident Cottu-Soinoury relaté ci-après.

A l'audience du 11 mars, Mme Cottu raconte qu'elle a appris par un M. Goliard, agent de la sûreté, que le gouvernement désirait arriver à un arrangement avec les administrateurs pour étouffer l'affaire de Panama. M. Goliard avait demandé à Mme Cottu de servir d'intermédiaire entre M. Bourgeois, ministre de la justice, et les administrateurs. Elle a accepté. Le 7 janvier, M. Goliard conduit Mme Cottu chez un tiers[2] où elle rencontre M. Nicolle, commissaire spécial de police, qui la prévient qu'elle va voir M. Bourgeois, ministre de la justice[3], et qui la conduit au ministère de l'intérieur où elle est mise en présence de M. Soinoury, directeur de la sûreté générale, qui, d'après elle, lui aurait tenu le langage suivant :

— Madame, si vous aviez des pièces tangibles compromettantes que je pourrais montrer au ministre, si vous aviez une pièce compromettant quelqu'un de la droite, par exemple, vous comprenez quelle importance pour le gouvernement !

J'ai senti, ajoute Mme Cottu dans sa déposition, qu'au fond de tout, on m'offrait la liberté de mon mari pour un nom de la droite. Il ne me l'a pas dit. Je l'ai senti. Tout réside dans les nuances. L'entretien a duré 1 heure 40.

Il m'a offert un permis de communiquer libre avec mon mari dans un appartement où personne ne nous entendrait.

M. Soinoury, interrogé, dit que l'entrevue avait eu lieu, en effet, mais qu'il n'avait exercé aucune pression sur Mme Cottu, et qu'il avait seulement tâché d'obtenir quelques renseignements sur l'affaire de Panama.

---

1. M. Yves Guyot, mandé à ce sujet comme témoin devant la cour d'assises, a refusé de comparaître, en prétextant le secret d'Etat.

2. M. Billet, 14, avenue d'Antin.

3. Pour s'assurer de l'identité de M. Léon Bourgeois, Mme Cottu avait acheté sa photographie.

A la suite de cet incident, auquel son nom s'est trouvé mêlé, M. Léon Bourgeois, garde des sceaux, ministre de la justice, a adressé le soir même la lettre de démission suivante à M. Ribot, président du conseil :

Monsieur le président du conseil,

En présence de la déposition faite aujourd'hui aux assises par M. Soinoury, déposition qui ne dégage pas, comme je le jugeais indispensable, le garde des sceaux et qui n'établit pas, conformément à la vérité, que je n'ai jamais, ni directement, ni indirectement, permis à qui que ce soit de faire relativement au procès de Panama aucune démarche auprès de M⁰ᵉ Cottu, je considère comme nécessaire de reprendre ma liberté.

Je ne veux pas que le soupçon puisse subsister un seul jour d'un acte qui serait contraire à mon honneur, et pour détruire ce soupçon par tous les moyens que je croirai utiles, j'ai besoin de n'être pas arrêté par mon devoir de membre du gouvernement.

Je vous prie de bien vouloir, en conséquence, transmettre ma démission à M. le président de la République.

Veuillez agréer, monsieur le président du conseil, l'assurance de mes sentiments dévoués.

LÉON BOURGEOIS.

M. Ribot a transmis la lettre de démission de M. Bourgeois le soir même à M. Carnot. Le lendemain dimanche, tous les ministres, réunis en conseil de cabinet, ont décidé d'insister auprès de M. Bourgeois pour l'engager à retirer sa démission. Malgré cette démarche, M. Bourgeois a persisté dans sa résolution première, déclarant que son intention était de déposer devant la cour d'assises non plus comme ministre, mais comme simple témoin.

Par décret du 12 mars, M. Develle, ministre des affaires étrangères, est alors chargé par intérim du ministère de la justice.

Le 13 mars, M. Léon Bourgeois, cité à la requête du procureur général, est entendu à l'audience de la cour d'assises. Il proteste avec indignation contre l'accusation portée contre lui à l'audience précédente. M. Goliard avoue ensuite que c'est lui qui, de concert avec Mᵐᵉ Cottu, avait combiné l'incident d'audience relatif à M. Bourgeois, garde des sceaux.

M. Soinoury déclare formellement que, dans cette affaire, il n'a jamais été question de M. le ministre de la justice.

Le même jour, au début de la séance de la Chambre des députés, trois demandes d'interpellations sont déposées : la première par M. Armand Després, sur la déposition de Mme Cottu à l'audience du 11 mars et sur les faits qui s'y rattachent ; la deuxième par MM. Cavaignac et Lebon sur les faits qui ont amené la démission de M. le garde des sceaux ; la troisième par M. Marius Martin, sur les agissements de M. Soinoury, directeur de la sûreté générale, envers Mme Cottu. La discussion de ces interpellations est renvoyée à quatre heures pour attendre l'arrivée de M. Léon Bourgeois qui est allé faire sa déposition à la cour d'assises. A quatre heures et demie, M. Léon Bourgeois arrive. MM. Després et Cavaignac rappellent l'incident d'audience du 11 mars. M. Léon Bourgeois monte à la tribune pour expliquer les motifs de sa démission :

Je n'ai pas voulu, dit-il, qu'il subsistât, fût-ce un jour, un doute sur les faits allégués. Il m'a semblé qu'il était nécessaire que ce fût au grand jour de la cour d'assises, dans l'audience publique, que mes explications fussent apportées. Je n'ai voulu avoir, pour donner ces explications, aucun privilège, j'ai voulu déposer comme un simple citoyen que je suis redevenu. (*Applaudissements.*)

Immédiatement, j'ai donné ma démission, sans me préoccuper des conséquences politiques qu'elle pouvait avoir ; certains de mes amis me l'ont reproché et m'ont dit qu'on ne devait pas quitter le navire quand il était aussi fortement battu des flots. J'ai répondu que je servirais avec autant de dévouement et de courage comme simple matelot. (*Nouveaux applaudissements à gauche et au centre.*)

Je suis donc allé aujourd'hui à la cour d'assises, et je tenais à y aller, parce qu'il ne s'agissait pas, en effet, de discuter un acte politique ; il s'agissait d'actes dans lesquels l'honnêteté, dans lesquels l'honneur était engagé.

Sur le fond même de la question, je le répète ici très simplement, je déclare que je n'ai jamais donné à qui ce ce soit le droit de se servir de mon nom dans cette affaire et d'affirmer quoi que ce soit comme venant de moi. Si j'avais fait le contraire, j'aurais commis une infamie. J'attends que quelqu'un se lève pour dire que je l'ai commise. (*Applaudissements répétés à gauche et au centre. — L'orateur, en retournant à son banc, reçoit les félicita-*

tions des membres du gouvernement et de plusieurs de ses collègues.)

M. Ribot monte ensuite à la tribune.

Le président du conseil déclare qu'à son tour il vient défendre l'honneur du gouvernement républicain. Il s'agit d'actes antérieurs à son administration, mais il en accepte la solidarité. Il y avait à cette époque un honnête homme au ministère de l'intérieur, M. Loubet. Il l'a interrogé et il se porte garant de sa parole.

M. Ribot termine ainsi :

Nous regrettons profondément que M. le garde des sceaux, à qui je suis heureux, en descendant de cette tribune, de rendre hommage, car nous avons été associés dans une œuvre difficile, mais qui sera notre honneur, je l'espère, à tous deux, et cela ne s'oublie pas, nous regrettons que par un scrupule que mes collègues ont trouvé excessif, M. Bourgeois ait cru devoir quitter le banc des ministres où il nous aidait à combattre le bon combat. Mais nous, nous resterons à notre poste tant que la Chambre ne nous en aura pas relevés. Si elle le veut, qu'elle le dise, elle n'a qu'un mot à prononcer; mais tant que nous serons membres du gouvernement, nous ne laisserons pas humilier dans nos mains la cause républicaine que nous avons mission de défendre. (*Vifs applaudissements à gauche et au centre.*)

M. Rivet dépose ensuite l'ordre du jour suivant :

La Chambre, résolue à laisser la justice suivre son cours pour faire toute la lumière et approuvant les déclarations du gouvernement, passe à l'ordre du jour.

Cet ordre du jour, accepté par le gouvernement, est adopté par 288 voix contre 214.

M. Léon Bourgeois reprend le portefeuille de la justice
(15 mars 1893).

Au conseil des ministres du 14 mars, MM. Ribot et Viette sont délégués par leurs collègues du cabinet pour se rendre auprès de M. Léon Bourgeois, afin de l'engager à retirer sa démission de garde des sceaux. Le lendemain, 15 mars, à la suite d'une nouvelle entrevue avec M. Ribot, président du conseil, M. Bourgeois déclare qu'il consent à reprendre son portefeuille, en raison des instances pressantes de ses collègues, et parce qu'il tenait à honneur de pouvoir répondre aux interpellations annoncées à la Chambre des députés.

Par décret du 15 mars 1893, M. Léon Bourgeois est alors nommé ministre de la justice.

Arrêt de la cour d'assises dans le procès pour corruption.

Le 21 mars, la cour d'assises rend son arrêt dans le procès pour corruption de fonctionnaires dans l'affaire de Panama. M. Ch. de Lesseps est condamné à un an de prison; sa peine se confondra avec celle de la cour d'appel; M. Blondin à deux ans de prison; M. Baïhaut à cinq ans de prison, à la dégradation civique et à 750.000 francs d'amende. Les trois accusés sont condamnés solidairement à rembourser à la Compagnie de Panama les 375.000 francs touchés par M. Baïhaut, et à payer aux parties civiles des dommages-intérêts à fixer par état. MM. Fontane, Sans-Leroy, Béral, Dugué de la Fauconnerie, Gobron et Proust sont acquittés et affranchis de toute responsabilité pécuniaire.

Démission du deuxième ministère Ribot (30 mars 1893).

La chute du second ministère Ribot est survenue à la suite d'un conflit entre le Sénat et la Chambre des députés au sujet du vote du budget de 1893.

Le projet de budget voté par la Chambre des députés, le 27 février 1893, a été adopté par le Sénat le 29 mars, mais avec les modifications suivantes: suppression du crédit affecté à la création de contrôleurs des chemins de fer; suppression de la taxe par spécialité dans la patente des grands magasins; réduction à 5 francs de la taxe de 10 francs sur les vélocipèdes, suppression de la taxe sur les pianos et les livrées; réduction du droit sur les mutations, enfin disjonction de la réforme des boissons et de l'impôt sur les opérations de bourse.

Le même jour, le budget ainsi modifié par le Sénat, est déposé à la Chambre des députés, et immédiatement renvoyé à la commission du budget, qui se réunit le même soir à neuf heures, sous la présidence de M. Peytral; M. Poincaré, rapporteur général, fait un résumé des principales modifications apportées par le Sénat.

M. Ribot, président du conseil, présent à la réunion, déclare qu'il y a une nécessité politique à ne pas remettre indéfiniment le vote du budget, et qu'il importe d'éviter de nouveaux douzièmes provisoires[1]. Il insiste pour qu'un accord intervienne entre les deux Chambres; il considère cet accord comme possible.

M. Tirard s'est ensuite expliqué sur l'impôt relatif aux opérations de bourse. Il a déclaré qu'il avait fait tous ses efforts pour faire adopter par le Sénat le projet voté à la Chambre. Mais, M. Boulanger, rapporteur général, ayant fait valoir les grands intérêts que représente la coulisse sur le marché, a emporté le vote du Sénat sur la disjonction.

Après le départ des ministres, M. Lockroy soumet une motion invitant la commission du budget à affirmer les droits de la Chambre et à demander à celle-ci de renvoyer purement et simplement au Sénat le budget précédemment voté par la Chambre. Cette motion est adoptée par 10 voix contre 6.

A la suite de cette décision, M. Poincaré déclare qu'il lui est impossible de la soutenir devant la Chambre, et donne sa démission de rapporteur général. M. Lockroy est élu à sa place par 10 voix contre 7.

A la séance du lendemain 30 mars, M. Lockroy dépose son rapport dont voici quelques extraits :

Que vous apporte le Sénat ? Est-ce, comme à l'ordinaire, un budget remanié, corrigé, quelquefois amélioré dans certaines de ses dispositions ? Non, messieurs, c'est, en vérité, un budget nouveau d'où l'on a soigneusement retranché tout ce que la Chambre avait tenu à honneur d'y introduire ou d'y adjoindre (*Très bien ! très bien ! à gauche.*)

Aucune de vos résolutions importantes n'a été respectée, et l'on peut dire que de votre œuvre financière, si longuement et si péniblement élaborée, rien, ou à peu près rien, n'est resté debout.

---

1. Le retard apporté dans l'adoption du budget de 1893 avait nécessité le vote, d'abord de deux douzièmes provisoires (loi du 26 décembre 1892), ensuite d'un troisième douzième provisoire (loi du 25 février 1893).

C'est en vain que le gouvernement a courageusement défendu le budget tel qu'il résultait de vos délibérations. Entraîné par la brillante éloquence de ses orateurs, le Sénat a passé outre, et peut-être trouvera-t-on que sur certains points, au moins, il a légèrement dépassé les limites que la Constitution semble avoir assignées à son autorité financière. (*Applaudissements à gauche.*)

La Chambre, élue par le suffrage universel (*Très bien ! très bien !*), ne peut oublier que la Constitution lui accorde l'initiative en matière financière et que, si un conflit s'élève entre elle et le Sénat, c'est à elle que le dernier mot appartient. (*Très bien ! très bien !*) Si désireuse qu'elle soit d'aplanir toutes les difficultés de l'heure présente et de mettre fin à une situation profondément regrettable, elle ne saurait, cependant, consentir à une abdication complète ni abandonner des droits qui appartiennent à la nation. (*Très bien ! très bien !*)

Dans ces conditions, il a semblé à votre commission qu'elle devait renvoyer au Sénat le budget tel que vous l'aviez précédemment voté. (*Très bien ! très bien ! à gauche.*) C'est à lui qu'il appartient de donner à la Chambre les indications qui lui manquent, à lui de faire cesser un état de choses dont le pays souffre depuis trop longtemps. Il le peut rapidement, avant la fin de la journée (*Mouvements divers*), et sans qu'il soit besoin de recourir à un nouveau douzième provisoire. Il trouvera parmi nous un concours empressé, un ferme désir d'arriver avec lui à une entente nécessaire. Et c'est plein de ce sentiment que nous faisons appel à cette haute raison, à cette modération et à cette sagesse dont il a donné, en tant de circonstances graves, d'éclatantes et inoubliables preuves. (*Applaudissements à gauche.*)

L'urgence est déclarée et la discussion immédiate ordonnée ; on passe à l'énumération des articles modifiés. A mains levées et presque sans discussion, la Chambre des députés écarte successivement tous les chiffres du Sénat et rétablit tous ceux qu'elle a votés primitivement.

On arrive ensuite aux articles relatifs au régime des boissons. M. Tirard, ministre des finances, fait un nouvel effort pour faire accepter la disjonction de cette réforme ; mais MM. Salis et Jamais appuient le rapporteur, et conjurent la Chambre de repousser la disjonction. M. Yves Guyot, bien que partisan de la réforme, engage la Chambre à voter la disjonction, sinon elle se trouvera sans réforme et sans budget. M. Ribot, président du conseil, pose alors la question de confiance :

Nous devons, dit-il, nous mettre en face des réalités...

... Trois douzièmes ont déjà été votés et, depuis que la Constitution républicaine fonctionne régulièrement, je crois que jamais on n'a dépassé cette mesure de trois douzièmes.

Vous savez le trouble considérable que jette dans le fonctionnement de l'administration ce système du provisoire, de la vie au jour le jour... vous allez bientôt comparaître devant vos électeurs. Si vous ne faites pas ce qui est nécessaire pour amener un accord entre les deux Chambres et le vote définitif du budget, ce n'est pas seulement le budget de 1893 que vous mettez en péril, c'est le budget de 1894 que cette Chambre a le devoir de faire...

Il ne faut pas qu'il y ait d'équivoque : il ne s'agit pas d'incliner les droits de la Chambre devant les prétentions du Sénat. Ce n'est pas là la question.

MM. Jamais, Lockroy et Peytral insistent de nouveau pour le maintien de la réforme des boissons, tandis que M. de Mahy, aux applaudissements du centre et d'une partie de la gauche, conjure la Chambre, dans l'intérêt de tous ses membres, de voter la disjonction.

La disjonction de la réforme sur l'impôt des boissons est mise aux voix.

Le gouvernement, rappelle M. Ribot, demande la disjonction, et j'ai indiqué tout-à-l'heure à la Chambre les conséquences politiques du vote qu'elle va émettre. (*Mouvements divers.*)

Le scrutin a lieu, suivi d'un pointage. Il donne le résultat suivant :

Pour la disjonction......... 242 voix
Contre.................... 247 —

La disjonction n'est pas adoptée.

M. Armand Després. — La Chambre est mûre pour la dissolution. (*Applaudissements à droite et sur les divers bancs à gauche. — Mouvements prolongés en sens divers.*)

M. Ribot, président du conseil, monte à la tribune :

. En présence du vote qui vient d'être émis, dit-il, la Chambre comprend que le cabinet ne peut pas lui demander de continuer la discussion du budget. Seulement, il sera nécessaire de prendre certaines mesures que la Chambre prévoit, et nous lui demandons, dans l'intérêt du pays et pour la bonne expédition des affaires, de vouloir bien se réunir ce soir.

(*MM. les ministres quittent la salle des séances.*)

En quittant le Palais-Bourbon, les ministres se sont rendus à l'Élysée où ils ont tenu conseil jusqu'à sept heures et demie.

M. Ribot a mis M. le président de la République au courant des incidents de la séance; il lui a ensuite remis la démission des membres du cabinet.

M. Carnot a accepté cette démission qui a été insérée au *Journal officiel* du lendemain 31 mars[1].

Ministère Charles Dupuy (4 avril 1893).

Le lendemain de la chute du ministère, M. Méline, député, avait été chargé par M. Carnot du soin de former le nouveau cabinet. Il aurait terminé sa mission assez rapidement sans le refus de M. Poincaré d'accepter le portefeuille des finances. M. Poincaré refusait : d'abord parce qu'il avait été mis en minorité par la commission du budget et par la Chambre des députés, précisément sur la question cause originelle de la crise ministérielle, ensuite parce qu'il ne croyait pas pouvoir assumer la lourde tâche de ce portefeuille pour ses débuts[2]. Pendant trois jours, M. Méline a fait de vives instances auprès de lui pour lui faire accepter ce portefeuille. M. Poincaré a persisté dans son refus. M. Méline a alors résigné ses fonctions entre les mains de M. Carnot, qui a tout d'abord prié M. Develle d'accepter la présidence du conseil.

M. Develle a nettement décliné cette offre. Il avait consenti, pour faciliter une solution, à se faire relever de l'engagement pris par les anciens ministres de ne faire partie d'aucune nouvelle combinaison; mais il ne croyait pas pouvoir aller au delà et accepter de former le cabinet.

Après avoir rendu hommage aux scrupules du ministre des

1. La Chambre des députés s'est réunie le soir même 30 mars, à neuf heures, pour voter un 4e douzième provisoire que le Sénat a adopté aussitôt après. A la suite de concessions réciproques de la part des deux Chambres, le budget de 1893 a été voté définitivement par le Sénat le 28 avril 1893, à onze heures et demie du soir.

2. M. Poincaré, député de la Meuse, n'était alors âgé que de 31 ans.

affaires étrangères, M. le Président de la République s'est retourné vers M. Charles Dupuy. M. le Ministre de l'instruction publique s'est d'abord récusé; mais en présence de l'insistance de M. Carnot, qui lui demandait, comme un service personnel de tenter cet effort, il a consenti à faire ses premières démarches pour la formation du cabinet.

Le 4 avril au matin, M. Dupuy, rencontrant de grandes difficultés, avait déjà résigné ses pouvoirs; mais M. Carnot, ayant fait appel à son patriotisme, il recommence ses démarches, et dans la soirée, il était parvenu à former son ministère qui, par décrets du même jour, était constitué de la manière suivante :

Présidence du conseil et intérieur. Charles Dupuy[1], député.
Justice. Guérin, sénateur.
Affaires étrangères. Develle[1], député.
Finances. Peytral, député.
Guerre. Général Loizillon[1].
Marine. Vice-amiral Rieunier[1].

Instruction publique, beaux-arts et cultes. Poincaré, député.
Travaux publics. Viette[1], député.
Commerce, industrie et colonies. Terrier, député.
— Delcassé[1], député.
Agriculture. Viger[1], député.

Modification au ministère du 4 avril 1893.

1893. 23 mai-1er juin. Justice (intérim), M. Develle[2].

Le 6 avril 1893, M. Ch. Dupuy, président du conseil, a lu à la Chambre des députés une déclaration ministérielle dont voici quelques extraits qui empruntent aux circonstances un caractère particulier :

Messieurs, le gouvernement qui se présente devant vous ne se méprend sur aucune des difficultés de la situation. Mais il est rassuré en constatant le calme profond du pays et sa confiance persévérante dans la République. (*Très bien! très bien! au centre et à gauche.*)

Nous voyons dans ces dispositions la preuve que les douloureux incidents de ces derniers mois, en dépit de certains efforts pour les exploiter dans un but politique, n'ont atteint ni la République dans sa croissance vigoureuse, ni la patrie dans sa renommée traditionnelle de probité et d'honneur. (*Applaudissements à gauche et au centre.*)

1. Membre du cabinet précédent.
2. En remplacement de M. Guérin parti à Tunis pour l'inauguration du port de cette ville.

Une leçon, toutefois, se dégage de ces épreuves : c'est que l'aisance et la fortune ne s'acquièrent que par le travail (*Applaudissements*) et ne se conservent que par la correction des mœurs et la dignité de la vie. (*Nouveaux applaudissements.*)...

Quant à vous, messieurs, votre œuvre immédiate est le vote du budget de 1893, qui résultera de l'entente inévitable des deux Chambres. Nous travaillerons à cette entente de tout notre pouvoir, et elle se produira assez tôt, nous en avons l'assurance, pour rendre inutile la demande d'un nouveau douzième provisoire, et pour permettre au gouvernement de déposer à temps le projet de budget pour 1894. (*Très bien ! très bien !*)

Toutes les législatures précédentes ont voté les quatre budgets dont la Constitution leur attribue l'examen. Vous aurez à cœur de ne pas faire moins que vos devanciers et d'épuiser votre droit. Le gouvernement ne négligera rien pour vous en faciliter l'exercice. (*Très bien ! très bien !*) [1].

La lecture de cette déclaration a été saluée à la Chambre par les applaudissements prolongés de la gauche et du centre; tandis qu'au Sénat elle a été accueillie par un silence glacial.

Elections générales de 1893. — Visite de l'escadre russe à Toulon.

Le ministère de M. Charles Dupuy a été marqué par deux événements importants : les élections générales des 20 août et 3 septembre 1893 pour le renouvellement de la Chambre des députés, qui ont été un triomphe pour la République, et peu après, du 13 au 29 octobre, la visite de l'escadre russe à Toulon, en réponse à celle de l'escadre française à Cronstadt en 1891. Les officiers de marine russes, commandés par l'amiral Avellan, ont été accueillis à Toulon, à Paris, à Lyon, à Marseille avec un enthousiasme universel et indescriptible. Le maréchal de Mac-Mahon étant mort le jour même de l'arrivée des marins russes à Paris (17 octobre), des funérailles nationales lui ont été faites, et les officiers russes ont tenu à rendre le dernier hommage au héros de Malakoff et de Magenta en se rendant à ses obsèques, qui ont eu lieu aux Invalides, le 22 octobre, au milieu d'un déploiement consi-

---

1. Le budget de 1894 a été voté par les deux Chambres le 22 juillet 1893, jour même de la séparation des Chambres.

dérable de troupes et d'un concours immense d'une population recueillie et émue. Ce qui rehaussait l'éclat de cette imposante cérémonie, c'était, à côté des officiers français et russes, la présence d'officiers délégués par les souverains de la Triple-Alliance et des magnifiques couronnes envoyées par l'empereur d'Allemagne et le roi d'Italie.

Pendant son séjour à Toulon, où il était allé saluer l'escadre russe, M. Carnot, président de la République, a reçu de l'Empereur de Russie le télégramme suivant :

Gatschina, 27 octobre, 11 h. 35 soir.

A Son Excellence M. le Président de la République française, Paris.

Au moment où l'escadre russe quitte la France, il me tient à cœur de vous exprimer combien je suis touché et reconnaissant de l'accueil chaleureux et splendide que nos marins ont trouvé partout sur le sol français.

Les témoignages de vive sympathie qui se sont manifestés encore une fois avec tant d'éloquence joindront un nouveau lien à ceux qui unissent nos deux pays et contribueront, je l'espère, à l'affermissement de la paix générale, objet de leurs efforts et de leurs vœux les plus constants.

ALEXANDRE [1].

Comme le Sénat impérial de 1814[2], le Sénat républicain de 1893 a tenu à témoigner sa reconnaissance à l'Empereur de Russie. Le 14 novembre, jour de l'ouverture de la session extraordinaire, M. Challemel-Lacour, président du Sénat prononçait un discours patriotique dont nous détachons le passage suivant :

Je remplis un devoir, et je suis sûr d'être l'interprète fidèle de votre pensée unanime, en déclarant aujourd'hui que vous vous associez pleinement aux sentiments qui se sont manifestés de toute part avec tant de spontanéité et d'éclat. (*Nouveaux applaudissements.*)

1. A rapprocher des déclarations faites à Paris par l'empereur Alexandre Ier, les 31 mars et 2 avril 1814. (Voy. LÉON MUEL. — *Gouvernements, Ministères et Constitutions de la France depuis cent ans*, pages 76 et 79.)
2. *Id.*, page 80.

Nous sommes persuadés que ces sympathies réciproques de deux grands peuples n'ont rien d'accidentel ni de passager. (*Vive approbation.*)

Elles reposent sur un sentiment déjà ancien d'estime mutuelle et sur des intérêts qui se correspondent partout et qui ne se contrarient nulle part. (*Vifs applaudissements.*)

Le Sénat adresse à l'empereur Alexandre III et à la famille impériale de Russie l'hommage de son respect. Il salue dans cette illustre amitié une espérance nouvelle de paix et une garantie de plus pour la civilisation. (*Bravos et applaudissements prolongés*).

Les élections générales des 20 août et 3 septembre 1893 ont donné les résultats suivants :

482 républicains de toutes nuances, dont 308 modérés, 123 radicaux, 51 socialistes ; ensuite 35 ralliés, 63 conservateurs et 1 socialiste chrétien. Au total, 531 députés dont se compose la nouvelle Chambre. Sur ce nombre, il y a 210 députés nouveaux, dont 188 n'ont jamais fait partie du Parlement, et 22 qui ont siégé dans les Chambres antérieures à celle de 1889. Parmi les non réélus, un certain nombre jouissaient d'une grande réputation politique, entre autres : MM. Floquet, Clémenceau, Paul de Cassagnac, le comte de Mun, Jacques Picu, Yves Guyot, Maujan, Pichon.

Démission du ministère Charles Dupuy (25 novembre 1893).

Le cabinet présidé par M. Ch. Dupuy est tombé de lui-même, sans avoir été renversé par un vote de la Chambre, à la suite d'indiscrétions commises par quelques-uns de ses membres.

M. Ch. Dupuy, pour répondre aux aspirations de la majorité de la nouvelle Chambre, voulait, non plus un cabinet de concentration, mais un ministère homogène. Pour arriver à ce but, il fallait écarter MM. Peytral, Viette et Terrier, ministres radicaux. Ces trois derniers étaient démissionnaires dès le matin du 25 novembre. Pour ne pas paraître déserter le combat, il avait été décidé que le ministère se présenterait tout entier devant la Chambre jusqu'après l'interpellation de M. Jaurès ; mais, dans la journée du 25 novembre, des indiscrétions ayant été commises, il en est résulté pour le ministère un dénouement inattendu. Voici dans quelles circonstances :

La nouvelle Chambre a tenu sa première séance le 14 novembre 1893. Le 21 novembre, elle a entendu la lecture d'une déclaration ministérielle faite par M. Ch. Dupuy, président du conseil. Dans cette déclaration, le gouvernement déclare tout d'abord qu'il ne veut « ni revision de la Constitution, ni séparation des Églises et de l'État, ni changement de mode de scrutin, ni création d'un impôt unique inquisitorial et progressif » [1]. Il promet ensuite de « combattre le collectivisme, de protéger la liberté individuelle et la liberté du travail, et de réprimer avec énergie toute tentative d'agitation ou de désordre ». Par cette dernière phrase, le gouvernement affirmait ainsi sa ferme volonté de combattre le socialisme révolutionnaire.

La déclaration se terminait ainsi :

Quant à nous, nous serons les auxiliaires dévoués de vos travaux. Si vous avez confiance dans notre bon vouloir et dans notre activité, vous saurez le dire. Mais si vous pensiez que votre tâche serait plus facile ou plus féconde avec d'autres guides, dites-le également sans hésitation, sans retard. Nos personnes ne sont rien ; nous plaçons au-dessus d'elles, au-dessus de tout, la France et la République. Nous vous avons mis en mesure de vous prononcer sans équivoque et sans obscurité. Que votre volonté se manifeste dès le début de la législature : le temps de la France est précieux ; ne le perdez pas !

Cette déclaration a été accueillie par les applaudissements de la majorité de l'assemblée et par les murmures de l'extrême gauche.

Aussitôt après, MM. Millerand et Jaurès, députés socialistes, demandent à interpeller le gouvernement « sur sa politique générale ». Le gouvernement accepte la discussion immédiate. M. Jaurès monte à la tribune, et dans un discours éloquent, fréquemment applaudi par l'extrême gauche et l'extrême droite, il défend les principes du socialisme.

M. le président du conseil répond à M. Jaurès. Son discours est sans cesse interrompu par l'opposition. La discus-

1. L'impôt sur le revenu.

sion se continue le jeudi où sont entendus MM. Lockroy, Barthou, Chautemps et Deschanel. Le samedi, 25 novembre, M. René Goblet prononce un grand discours très applaudi par la gauche radicale, et où il critique vertement la déclaration ministérielle.

Cette déclaration, messieurs, dit-il en terminant, est le manifeste non pas d'un gouvernement de progrès à un degré quelconque, mais d'un gouvernement de conservation et de résistance. A part quelques affirmations hautaines qui sont destinées à en masquer le vide et un défi violent porté à une partie de l'opinion, elle est absolument nulle et négative.

On peut la résumer dans ce mot : « Rien, rien, rien. » Ce fut, vous le savez, l'épitaphe de la monarchie de Juillet, avec laquelle malheureusement notre République a eu jusqu'ici trop de ressemblance ; cette majorité républicaine ne permettra pas que vous en fassiez l'épitaphe de la République. (*Applaudissements répétés sur divers bancs à gauche.*)

Après une réplique de M. Ch. Dupuy, MM. Georges Leygues et Jourdan [1] sont ensuite entendus. A son tour, M. Camille Pelletan monte à la tribune :

Avant de prendre la parole dans cette interpellation, dit-il, je voudrais savoir — c'est peut-être une question indiscrète — s'il y a encore une interpellation au moment où je parle. (*Mouvement.*)

Pour qu'une interpellation puisse se produire, il faut deux choses : un interpellateur d'abord, et ensuite un interpellé, le ministère. Or, le ministère existe-t-il encore ? (*Applaudissements à gauche.*)

M. le président du conseil. — Nous sommes là !

M. Camille Pelletan. — Une importante partie du ministère n'est-elle pas démissionnaire ? (*Oui ! oui ! à gauche.*) Voilà ce que nous voudrions savoir.

Vous reconnaîtrez sans doute qu'après les considérations très éloquentes qui ont été présentées sur l'homogénéité du cabinet, il est important de savoir si ce cabinet existe encore ou si M. le président du conseil croit que la mutilation que son ministère vient de subir...

M. le président du conseil. — Il n'en a pas subi.

M. Camille Pelletan... ne nuit pas à sa santé.

M. le président du conseil. — Monsieur Pelletan, vous

1. Le vainqueur de M. Clémenceau.

pouvez en toute confiance poursuivre le cours de l'interpellation, car le cabinet est au complet devant vous. (*Mouvements divers.*)

M. Millerand. — On a parlé de la démission de M. Peytral.

M. Louis Jourdan. — Et de celle de M. Terrier.

M. Camille Pelletan. — Tout le monde comprend qu'il faut que les explications soient très nettes et les situations très claires. (*Très bien! très bien! à gauche.*)

Monsieur le président du conseil, êtes-vous autorisé par tous vos collègues à nous faire cette déclaration?...

Du moment qu'aucune contradiction ne s'élève...

M. le président du conseil. — Je ne réponds pas à une question comme celle-là! (*Exclamations à gauche.*)

Je considère que je n'ai pas à y répondre. (*Bruit.*)

M. Camille Pelletan. — Je ne veux pas soulever les passions. Il n'y a, dans mon intention, rien de blessant pour M. le président du conseil dans la question que je lui ai posée.

J'ai appris, il y a un instant, qu'une partie du cabinet était démissionnaire. Si le fait n'est plus exact, M. le président du conseil me permettra de le féliciter de sa force de persuasion, car ce revirement s'est produit en quelques minutes. (*Mouvements divers.*)

M. Ouvré. — Messieurs, je ne serai pour aucun de vous suspect. Je demande à M. Peytral si la déclaration qu'il m'a faite il y a un instant est exacte : M. Peytral m'a dit que sa démission était signée. (*Applaudissements à gauche et à l'extrême gauche.*)

M. Henri Brisson. — J'ajoute mon témoignage à celui de MM. Pelletan et Ouvré. Il n'y a pas cinq minutes qu'un ministre m'a déclaré qu'il était démissionnaire. (*Applaudissements sur les mêmes bancs. — Mouvement prolongé.*)

M. Camille Pelletan. — Après ces déclarations, j'attendrai, pour attaquer la politique du gouvernement, que le ministère ait mis d'accord ses déclarations et ses actes. A l'heure présente, ne sachant si j'ai devant moi un ministère, je descends de la tribune. (*Applaudissements sur divers bancs à gauche et à l'extrême gauche*).

M. le président. — Messieurs, je n'ai, en ce qui me concerne, qu'un devoir à remplir. Lorsqu'un cabinet est démissionnaire, il le fait connaître à la tribune ou au président, qui en avise la Chambre. Tant que je n'en serai pas informé par cette voie, je maintiendrai la liberté de la tribune et le droit d'interpellation. (*Très bien! très bien!*)

M. Henri Brisson. — M. le président de la Chambre vient de définir admirablement son devoir et tout son devoir. En effet, il n'a rien de plus à nous faire connaître. Mais la Chambre a elle-même un devoir qui est d'observer la Constitution. Or, la première règle du régime que la Constitution a établi, c'est-à-dire la République parlementaire, c'est l'existence sur ces bancs d'un cabinet solidaire, d'un cabinet existant. Or, après les affirmations de MM. Pelletan et Ouvré et la mienne, il est certain que si la déclaration nous a été apportée par un cabinet solidaire, à l'heure qu'il est, ce cabinet n'est plus.

Depuis que la déclaration a été lue à cette tribune, il s'est donc passé des événements qu'on veut dissimuler (*Applaudissements à gauche*), des événements politiques de la plus haute importance ; et c'est dans de telles conditions, messieurs, que vous vous croiriez assez informés pour émettre un vote de confiance ou un vote de défiance ! C'est dans ces conditions profondément inconstitutionnelles que cette Chambre déciderait ! (*Nouveaux applaudissements sur les mêmes bancs.*)

M. Lavy. — C'est très loyal, ce que vous dites là !

M. Henri Brisson. — Je demande à qui elle oserait imposer désormais l'obéissance aux lois si, dès le premier jour de la législature, elle donnait cet exemple de délibérer contrairement à la Constitution. (*Vifs applaudissements à gauche.*)

M. Millerand. — Messieurs, mon ami M. Jaurès et moi nous avions cru devoir déposer une demande d'interpellation pour qu'il fût permis à la Chambre, selon les usages parlementaires, d'exprimer sa volonté et de faire connaître son opinion sur un ministère qui se présentait au complet devant elle.

Depuis l'ouverture de la discussion de cette interpellation, et avant qu'elle soit close, il s'est produit un fait sans précédent dans notre histoire parlementaire. En dehors de la Chambre, sans attendre son opinion, sans attendre le vote d'un ordre du jour, pour s'assurer sans doute certains concours (*Applaudissements à l'extrême gauche. — Mouvements divers*), on a fait une besogne qu'il n'appartenait qu'à la Chambre de faire. C'était à elle et à elle seule qu'il appartenait de dire par un ordre du jour net et précis, si le ministère, tel qu'il est constitué, avait ou n'avait pas sa confiance. Mais puisque dès à présent, quel que soit le vote que vous allez rendre, on vous a fait cette injure de former en dehors de vous, avant l'issue de l'interpellation, un nouveau ministère, nous ne voulons pas nous prêter à une pareille comédie, et nous retirons notre demande d'interpellation. (*Applaudissements à l'extrême gauche. — Mouvement prolongé*).

M. le président déclare ensuite que, l'interpellation ayant été retirée par ses auteurs, il n'a pas à consulter la Chambre sur les ordres du jour qui ont été déposés.

Aussitôt après le retrait de l'interpellation, les ministres se sont réunis dans le salon qui leur est affecté au Palais-Bourbon. Ils ont constaté le désir de la part de la Chambre de se trouver en face d'une situation nette, et la nécessité de mettre le chef de l'Etat à même de constituer un nouveau ministère. M. Ch. Dupuy, suivi de tous les ministres, s'est rendu à l'Elysée. Il a mis M. le Président de la République au courant de la situation et lui a remis la démission collective du cabinet qu'il a acceptée. Cette démission est insérée au *Journal officiel* du 26 novembre 1893.

M. Carnot a fait appeler dans la soirée pour les consulter, M. Casimir-Perier, président de la Chambre des députés, et M. Challemel-Lacour, président du Sénat. M. Casimir-Perier a cité, comme étant seul désigné pour former un cabinet, M. Ch. Dupuy dont la déclaration ministérielle avait été très applaudie par la majorité de la Chambre. M. Challemel-Lacour a déclaré à son tour qu'il n'était pas douteux qu'un ministère modéré aurait seul la confiance du Sénat, où la déclaration ministérielle avait, du reste, produit la meilleure impression.

Ministère Casimir-Perier (3 décembre 1893).

Le dimanche 26 novembre, M. Carnot fait appeler de nouveau M. Casimir-Perier, président de la Chambre, qui lui répète que M. Ch. Dupuy était seul en situation de reconstituer le cabinet. M. Ch. Dupuy, mandé à l'Elysée, a, malgré les instances pressantes de M. Carnot, persisté dans son refus de former un cabinet. M. Méline, appelé à l'Elysée, décline également cette mission. MM. Méline et Casimir-Perier tentent une démarche auprès de M. Ch. Dupuy qui se montre inébranlable dans sa résolution. Le lundi 27, sur la demande de M. Carnot qui l'avait fait appeler, M. Poincaré, ministre de l'instruction publique démissionnaire, tente, à deux reprises différentes, une démarche auprès de M. Casimir-Perier qui persiste dans son refus. Dans la soirée, M. Carnot fait appeler, à titre consultatif, MM. de Mahy et Félix Faure, premiers vice-présidents de la Chambre des députés. M. Félix Faure a exprimé l'avis qu'un ministère homogène lui paraissait seul susceptible de réunir une majorité durable.

Le mardi 28, M. Carnot a reçu, également à titre consul-

tatif, MM. Merlin et Bardoux, premiers vice-présidents du
Sénat. M. Raynal, appelé à l'Elysée, décline à son tour la
mission qui lui était offerte de former le cabinet. Il se rend
ensuite auprès de M. Casimir-Perier pour l'engager à accepter la présidence du conseil. Ce dernier persiste de nouveau
dans son refus. Dans la soirée, M. Casimir-Perier, mandé par
M. Carnot, lui désigne comme étant le mieux à même de
constituer un cabinet MM. Raynal, Jules Develle, Burdeau,
Spuller et Godefroy Cavaignac.

Le mercredi 29, M. Spuller, appelé à l'Elysée, accepte la
mission de former un cabinet. Il s'assure d'abord le concours
de M. Raynal pour l'intérieur et de M. Burdeau pour les
finances ; mais, le jeudi 30, n'ayant pu se mettre d'accord
avec ses deux collaborateurs sur le choix des autres ministres,
et ayant éprouvé un refus de la part de M. Casimir-Perier à
qui il avait offert le portefeuille des affaires étrangères,
M. Spuller prie M. Carnot de le relever de sa mission. M. Carnot prie alors M. Spuller de faire une dernière démarche
auprès de M. Casimir-Perier et de l'inviter à se rendre à
l'Elysée pour avoir avec lui un entretien décisif. M. Casimir-
Perier se rend à cette invitation, et à l'issue de cette entrevue, il accepte enfin la mission de former un cabinet.

Le vendredi, 1er décembre, il réussit à constituer le ministère qui, par décrets du 3 décembre 1893, était composé de
la manière suivante :

Présidence du conseil et affaires étrang. Casimir-Perier[1], député.	Instruct. publ., beaux-arts et cultes. Eug. Spuller, sénateur.
Justice. Antonin Dubost, député.	Travaux publics. Jonnart, député.
Intérieur. Raynal, député.	Commerce, industrie et colonies.
Finances. Burdeau, député.	Marty, député.
Guerre. Général Mercier.	— Maurice Lebon, député.
Marine. Vice-amiral Lefèvre.	Agriculture. Viger[2], député.

Le lundi 4 décembre, M. Casimir-Perier, président du
conseil, lit à la Chambre des députés une déclaration ministérielle, qui indique une orientation vers la gauche et dont
voici quelques extraits :

1. Fils du ministre de M. Thiers et petit-fils du premier ministre de
Louis-Philippe.

2. Seul membre du cabinet précédent.

Messieurs, le gouvernement qui se présente devant vous trouve son devoir tracé par l'expression récente des volontés du pays. Jamais la France n'a affirmé avec plus de force son attachement à la République, son aversion pour un régime de réaction, son respect pour la liberté de la pensée et de la conscience, sa foi dans le progrès ; jamais le suffrage universel n'a plus nettement condamné la politique des formules abstraites, des préventions injustifiées, des classifications arbitraires, ni plus énergiquement réclamé, en face des théories d'une certaine école, le maintien de l'ordre et la défense des principes que la Révolution française a donnés pour assises à la société moderne : liberté et propriété individuelles.

Ce sera répondre aux vœux de la France d'apporter dans la direction des affaires publiques cette unité et cette fixité de vues qui constituent seules un gouvernement digne de ce nom ; de servir la démocratie sans arrière-pensée, avec dévouement, avec confiance ; d'opposer aux doctrines socialistes, qui, en se produisant à la tribune du Parlement, témoignent nécessairement leur respect pour la souveraineté nationale, non le dédain, mais l'action généreuse et féconde des pouvoirs publics.

C'est pour gouverner avec toutes les lois qui sont déjà le patrimoine de la République et en nous inspirant des espérances de la nation, que nous assumons la responsabilité du pouvoir.

Vient ensuite l'énumération des principales réformes à accomplir : répartition plus équitable de l'impôt, revision du cadastre, relèvement des droits de succession, création d'une caisse de retraites pour les travailleurs, simplification de la procédure et diminution des frais de justice.

La déclaration se termine ainsi :

Nous n'aurons d'autorité, nous n'avons de raison d'être que si, placés, comme nous le sommes, entre les adversaires de la République et ceux qui veulent détruire l'œuvre sociale de la Révolution française, nous obtenons le concours permanent d'une majorité résolue à servir la cause à laquelle nous donnons tout notre cœur et toutes les forces de notre volonté.

Cette déclaration est accueillie par de nombreux et chaleureux applaudissements.

Aussitôt après, M. Paschal Grousset dépose une proposition d'amnistie, qui est discutée séance tenante, combattue par M. Raynal, ministre de l'intérieur, défendue par M. Ernest Roche, et finalement repoussée par 257 voix contre 226.

TABLE ALPHABÉTIQUE

DES MEMBRES DU GOUVERNEMENT

DEPUIS 1890 JUSQU'AU 3 DÉCEMBRE 1893.[1]

(1er et 2e Suppléments)

B

Bourgeois (Léon). 11, 20, 34, 35, 37, 41.
Burdeau, 20, 56.

C

Casimir-Perier, 56.
Cavaignac (Godefroy), 11.

D

Delcassé, 34, 47.
Develle (Jules), 11, 20, 34, 35, 47.
Dubost (Antonin), 56.
Dupuy (Charles), 20, 34, 47.

F

Freycinet (de), 11, 20.

G

Guérin (Eug.), 47.

J

Jamais. 11, 20.
Jonnart, 56.

L

Lebon (Maurice), 56.
Lefèvre (vice-amiral), 56.
Loizillon (général), 34, 47.
Loubet (Émile), 11, 20.

M

Marty, 56.
Mercier (général), 56.

P

Peytral, 47.
Poincaré (Raymond), 47.

R

Raynal, 56.
Ribot, 11, 20, 34.
Ricard, 11.
Rieunier (vice-amiral), 34, 47.
Roche (Jules), 11.
Rouvier, 11, 20, 22.

S

Siegfried, 20 34.
Spuller (Eug.), 56.

T

Terrier, 47.
Tirard, 22, 34.

V

Viette, 11, 20, 34, 47.
Viger, 34, 47, 56.

1. Cette table fait suite à celle du volume principal, pages 539 et suivantes.

PARIS IMP. P. MOUILLOT, 13, QUAI VOLTAIRE — 59871.

GOUVERNEMENTS

MINISTÈRES ET CONSTITUTIONS

DE LA FRANCE

DE **1789** A **1895**

3ᵉ SUPPLÉMENT

Le 9 décembre 1893, pendant que la Chambre des députés discute l'élection de M. Mirman, député de Reims, une bombe de dynamite, lancée d'une tribune du deuxième étage, éclate et blesse un grand nombre de personnes, parmi lesquelles plusieurs députés. Le président, M. Charles Dupuy, conservant tout son sang-froid, impose le calme aux députés par ces mots désormais historiques : « Messieurs, la séance continue. » L'auteur de l'attentat, Vaillant, dit Marchal, anarchiste exalté, a été arrêté le lendemain pour ce fait, condamné à mort le 10 janvier 1894, et exécuté le 5 février suivant. A la suite de cet événement, le Gouvernement fait voter plusieurs lois répressives : loi du 12 décembre 1893 sur la presse ; lois du 18 décembre 1893 sur les explosifs et les associations de malfaiteurs.

Le 7 janvier 1894 a lieu le renouvellement triennal du Sénat qui est une nouvelle victoire pour le parti républicain. Le 16 janvier 1894, la Chambre des députés vote le projet de loi sur la conversion des rentes 4 1/2 0/0 en 3 1/2 0/0 (loi du 17 janvier 1894). La discussion de ce projet de loi a failli provoquer une crise ministérielle. M. Jaurès, député socialiste, dans un discours très éloquent et très élevé, développe cette théorie que le produit de la conversion doit être affecté non à l'équilibre budgétaire, mais au dégrèvement du principal de l'impôt foncier sur la propriété non bâtie. Son discours produit une très vive impression sur la Chambre qui, malgré l'opposition de M. Poincaré, rapporteur du projet, et de M. Burdeau, ministre des Finances, adopte, par 266 voix contre 235, la première partie de l'amendement de M. Jaurès. L'ensemble de cet amendement aurait été également voté sans l'intervention de M. Casimir-Perier, président du Conseil, qui conjure la Chambre de ne pas provoquer un incident qui aurait le grave inconvénient de laisser en suspens une opération d'une aussi grande importance. Il pose résolument la question de Cabinet. On vote sur l'ensemble de l'amendement Jaurès, et la Chambre, qui veut éviter une crise ministérielle, le repousse par 282 voix contre 186, et donne ainsi gain de cause au Gouvernement.

Le jour même du 1er janvier 1894, à la suite de l'attentat de Vaillant, M. Raynal, ministre de l'Intérieur, avait fait opérer dans toute la France des perquisitions chez tous les anarchistes ou réputés comme tels (plus de 2.000 perquisitions et 60 arrestations). Le 27 janvier suivant, M. Clovis Hugues, poète méridional et député socialiste de la Seine, dans un langage élevé, patriotique et amusant, interpelle le Gouvernement sur les récentes atteintes portées à la liberté individuelle. C'est au cours de cette interpellation que M. Thivrier, député socialiste de l'Allier (le député en blouse), est exclu de la Chambre pour avoir, à plusieurs reprises, poussé le cri de : *Vive la Commune!* L'interpellation se termine par le vote de l'ordre du jour suivant, présenté par M. Jumel :

La Chambre, approuvant le Gouvernement, et convaincue qu'il continuera à assurer l'ordre et la sécurité dans le pays, en s'appuyant sur les lois récemment votées par le Parlement, passe à l'ordre du jour.

Cet ordre du jour, accepté par le Gouvernement, est adopté par 408 voix contre 64.

Le 26 janvier, l'Europe étonnée apprend que l'empereur d'Allemagne, Guillaume II, s'est réconcilié avec son ancien chancelier, le prince de Bismarck[1].

Le 30 janvier, M. Edouard Lockroy, député radical de la Seine, dans un discours éloquent et très applaudi, interpelle le Gouvernement sur « l'état actuel de la marine française ». Il blâme le Gouvernement d'avoir nommé une commission extra-parlementaire présidée par le ministre de la marine lui-même [2]. M. Lockroy aurait préféré une commission d'enquête parlementaire. La discussion de cette interpellation dure deux jours. Le 1er février, l'amiral Lefèvre, ministre de la Marine, répond à M. Lockroy. Après une intervention de MM. Casimir-Perier, président du Conseil, l'amiral Vallon, Henri Brisson et Gerville-Réache, M. Lockroy dépose l'ordre du jour suivant :

La Chambre charge sa commission de la marine de procéder

1. Voy. *suprà* page 350, note 2.
2. Le 20 janvier 1894, le ministre de la Marine a constitué une commission mixte chargée d'examiner la situation du matériel et des approvisionnements de la flotte.

à une enquête sur l'état de la marine française, invite le ministre de la Marine à présenter, en même temps que le prochain budget, les mesures qu'il jugera nécessaires à la défense des côtes, et passe à l'ordre du jour.

Mais la priorité est accordée à l'ordre du jour suivant, présenté par M. de la Batut :

La Chambre, confiante dans l'accord des pouvoirs publics pour établir les faits, fixer les responsabilités et réaliser dans l'administration de la marine les réformes nécessaires, passe à l'ordre du jour.

Cet ordre du jour, accepté par le Gouvernement, est adopté par 356 voix contre 160, soit une majorité de 196 voix en faveur du Gouvernement.

Le 3 février, une dépêche du général Dodds apprend que Behanzin, roi du Dahomey, s'est constitué prisonnier.

Le 26 janvier, une dépêche de M. Grodet, gouverneur du Soudan annonce l'entrée du colonel Bonnier à Tombouctou à la tête de ses troupes « sans coup férir ». Mais le 10 février suivant, une dépêche du même gouverneur annonce que la colonne du colonel Bonnier, partie de Tombouctou, a été, après 3 jours de marche, « surprise endormie au campement de Dongoï » ; 9 officiers (dont le colonel Bonnier) et 71 sous-officiers et tirailleurs ont disparu ou ont été massacrés par les Touaregs.

Cette nouvelle a causé la plus vive émotion à la Chambre des députés où, le même jour (10 février), M. Couchard, député du Sénégal, et M. Boissy-d'Anglas demandent à interpeller le Gouvernement « sur les récents événements de Tombouctou et sur la politique du Gouvernement au Soudan ». M. Casimir-Périer, président du Conseil, monte à la tribune. Après avoir mis la Chambre au courant des instructions données par le Gouvernement au sujet de cette affaire, il déclare à la Chambre qu'il ne peut être question d'évacuer Tombouctou. « La France, dit-il, ne recule pas devant un échec, quelque douloureux qu'il soit ». M. le président du Conseil déclare que le Gouvernement « saura prendre des mesures afin d'empêcher le retour de semblables aventures », et demande à la

Chambre de se contenter des explications qu'il vient de lui donner. M. Couchard retire alors son interpellation.

Une interpellation, déposée le 8 février par M. Faberot, député socialiste de la Seine, sur le maintien de la fermeture de la Bourse du travail, se termine, le 10 février, par le vote de l'ordre du jour pur et simple, accepté par le Gouvernement et adopté par 372 voix contre 166.

Le 12 février, à 9 heures du soir, une nouvelle bombe de dynamite est lancée au café de l'hôtel Terminus au milieu de consommateurs paisibles; 21 personnes sont blessées. L'auteur de cette explosion a été arrêté aussitôt, après une lutte acharnée. C'était un nommé Emile Henry, âgé de 22 ans, bachelier ès lettres, dont le père, Henry Fortuné, était colonel chef d'état-major de la Commune en 1871[1]. A la suite de ce nouvel attentat, de nouvelles et nombreuses perquisitions et arrestations ont lieu chez les anarchistes, surtout le 19 février, jour où Sébastien Faure, publiciste anarchiste, a été arrêté. Le 20 février, deux nouveaux attentats sont commis par une main inconnue qui dépose deux engins, l'un à l'hôtel de la Vienne, rue Saint-Jacques, 69, et l'autre à l'hôtel de la Renaissance, 47, faubourg Saint-Martin[2].

Le 26 février, l'élection de M. Wilson, élu député d'Indre-et-Loire aux élections générales de 1893, est invalidée à l'unanité des 445 votants[3].

Le 3 mars, M. Denys Cochin pose une question à M. Spuller, ministre de l'Instruction publique et des Cultes, au sujet d'un arrêté rendu par le maire de Saint-Denis en septembre 1892 et interdisant sur la voie publique les cérémonies religieuses de tous les cultes et l'exhibition d'emblèmes servant à

---

1. Emile Henry s'est déclaré coupable également de l'attentat commis en novembre 1892 au n° 11 de l'avenue de l'Opéra, siège de la Société des mines de Carmaux, et qui a amené l'explosion du commissariat de la rue des Bons-Enfants où 4 victimes ont péri. Condamné à mort le 28 avril, malgré la plaidoirie de M° Hornbostel, il a été exécuté le 21 mai 1894.

2. On a découvert plus tard que l'auteur de ces nouveaux attentats était Pauwels, l'anarchiste qui a été tué par son propre engin le 15 mars 1894, au moment où il le déposait à la porte de l'église de la Madeleine.

3. M. Wilson, a été réélu le 6 mai suivant à 2.000 voix de majorité; son élection n'est pas encore validée.

ces différents cultes. Aux applaudissements de la droite et du centre, M. Spuller fait la réponse suivante qui contient un mot désormais historique;

Je dis qu'il est temps de faire prévaloir, en matière religieuse, un véritable esprit de tolérance éclairée, humaine, supérieure, la tolérance qui a son principe non seulement dans la liberté de l'esprit, mais aussi dans la charité du cœur. (*Vifs applaudissements à droite et au centre.*) Je dis qu'il est absurde, dans une société bien réglée, qu'on se dispute pour des affaires religieuses, qu'on se querelle à propos d'emblèmes religieux. (*Nouveaux applaudissements sur les mêmes bancs.*)

Je dis qu'il est temps de lutter contre tous les fanatismes, quels qu'ils soient, contre tous les sectaires, à quelque secte qu'ils appartiennent. (*Nouveaux applaudissements sur les mêmes bancs.*) Je dis que sur ce point vous pouvez compter à la fois et sur la vigilance du Gouvernement pour maintenir les droits de l'Etat, et sur *l'esprit nouveau* qui l'anime (*Applaudissements répétés au centre et à droite*), et qui tend à réconcilier tous les citoyens à faire dans la société française...

Sur la demande de M. Henri Brisson, la question est transformée en une interpellation qui est discutée immmédiatement. M. Henri Brisson demande au ministre des Cultes ce qu'il entend par cet « esprit nouveau », dont il a parlé. M. Spuller s'explique au milieu des applaudissements de toute l'assemblée, moins l'extrême gauche. M. Casimir-Perier, président du conseil, vient ensuite confirmer les déclarations de M. Spuller. M. René Goblet combat ces déclarations, et déclare, aux applaudissements de l'extrême gauche, qu'au moment où le Gouvernement cherche ses alliés du côté de l'Église et de la réaction, « lui et ses amis resteront avec la République et la démocratie ». L'interpellation se termine par le vote de l'ordre du jour suivant présenté par M. Barthou :

La Chambre, confiante dans la volonté du Gouvernement de maintenir les lois républicaines et de défendre les droits de l'Etat laïque, passe à l'ordre du jour.

Cet ordre du jour, accepté par le Gouvernement, est adopté par 302 voix contre 119. Un ordre du jour anticlérical, présenté par M. Henri Brisson, avait été repoussé par 315 voix contre 191.

Le 12 mars, un grand débat s'ouvre à la Chambre des députés sur la prise en considération d'un projet de résolution de M. Bourgeois (Jura), relative à la revision des lois constitutionnelles, et sur l'urgence demandée par MM. René Goblet, Naquet et Michelin, en faveur de différentes propositions de revision de la Constitution déposées par eux le 10 mars précédent.

Prennent part à la discussion : M. Bourgeois (Jura), M. René Goblet, qui prononce un grand discours, très applaudi à l'extrême gauche, en faveur d'une revision urgente ; M. Paul Deschanel qui combat le discours de M. Goblet. M. Paul Deschanel énumère les réformes qui, selon lui, pressent le plus, et que la Chambre des députés peut étudier, « sans qu'il soit besoin pour cela d'ajouter à nos trop nombreuses crises ministérielles une crise constitutionnelle ».

Vous écarterez, messieurs, j'en suis sûr, dit-il en terminant, des projets qui tendent, les uns au despotisme d'une Assemblée, les autres au despotisme d'un homme; vous resterez les gardiens fidèles de la liberté politique et de la souveraineté nationale, contre les deux seuls périls qui puissent désormais menacer la France, et qui, au surplus, naissent l'un de l'autre : la démagogie et le césarisme! (*Vifs applaudissements au centre et sur divers bancs à gauche. — L'orateur, en retournant à son banc, reçoit des félicitations.*)

Le 15 mars, MM. Naquet, Marcel Habert, Jullien et Camille Pelletan parlent en faveur de la revision. M. Casimir-Perier, président du Conseil, combat toutes les propositions de revision.

Nous ne pensons pas, je le répète, dit-il en terminant, que ce soit l'heure d'agir contre le Sénat [1]. (*Très bien! très bien!*) Je le crois d'autant moins, que nous avons gardé la mémoire de circonstances qui ne sont pas encore très éloignées et dont nous ne voulons pas voir le retour.

A cette époque, cette Assemblée a été la gardienne vigilante des

1. Les différentes propositions de revision avaient surtout pour but de modifier le mode d'élection et les attributions du Sénat.

institutions républicaines. (*Applaudissements au centre. — Bruit et interruptions à l'extrême gauche.*)

Alors que beaucoup de grands centres, ceux où précisément l'idée de revision était le plus chère et le plus préconisée, alors que de grands centres déviaient vers la détestable utopie césarienne, les idées parlementaires de progrès pacifique et de liberté, le principe même de la République ont été sauvegardés par le Sénat. (*Applaudissements au centre et à gauche.*)

Le 16 mars, M. Camille Pelletan continue son discours. M. Casimir-Periér remonte à la tribune pour déclarer qu'il est impossible au Gouvernement d'assumer la responsabilité d'une revision de la Constitution. Le débat est enfin terminé. L'urgence sur la proposition de M. Goblet est repoussée par 292 voix contre 218. La prise en considération sur la proposition de M. Bourgeois (Jura), relative à une revision limitée, est également repoussée par 326 voix contre 215.

Démission de M. Maurice Lebon. — Création du ministère des Colonies. — Nomination de M. Ernest Boulanger (20 mars 1894).

Le 15 mars, au Conseil des ministres, M. Maurice Lebon fait connaître qu'il est résolu à se démettre de ses fonctions de sous-secrétaire d'État aux Colonies. Il motive sa détermination sur ce fait que l'autorité d'un sous-secrétaire d'Etat était insuffisante pour assumer, dans l'état actuel, les lourdes responsabilités de l'Administration des Colonies. Sur les instances de M. Casimir-Perier, président du Conseil, M. Maurice Lebon consent à continuer de remplir ses fonctions à titre provisoire, jusqu'à ce que le Parlement ait statué sur la création d'un ministère spécial des Colonies.

Le 17 mars, la Chambre des députés, malgré l'opposition de MM. Michelin et de Mahy, adopte par 369 voix contre 103, la proposition de loi de M. Joseph Reinach sur la création du ministère des Colonies. Cette proposition de loi, déposée le jour même au Sénat, donne lieu à un incident parlementaire d'un genre particulier. A neuf heures et demie du soir, alors que la Chambre des députés s'est déjà ajournée pour les vacances de Pâques jusqu'au 24 avril, M. Casimir-

Perier, président du Conseil, demande au Sénat de voter cette proposition de loi. M. Emile Labiche, rapporteur de la Commission des Colonies, explique qu'en raison du dépôt tardif de cette proposition au Sénat, la Commission est dans l'impossibilité de présenter un rapport sur cette proposition, et il demande au Sénat d'en ajourner le vote. Le Sénat, se rendant à ces explications, s'ajourne au 24 avril. Le bruit se répand alors que M. Casimir-Perier veut démissionner. Le soir même, les présidents des groupes républicains du Sénat et celui de sa Commission des Colonies se rendent auprès de M. Casimir-Perier pour lui déclarer qu'il ne devait voir dans l'attitude du Sénat aucune manifestation hostile vis-à-vis du cabinet, mais un simple incident de procédure parlementaire. A minuit et demi, les ministres, réunis en Conseil de cabinet, décident de demander au président du Sénat de convoquer ce dernier pour le lundi 19 mars. M. Casimir-Perier se rend à cet effet auprès de M. Challemel-Lacour qui, déférant au vœu du président du Conseil, convoque télégraphiquement les membres du Sénat pour le jour convenu.

Le lundi 19 mars, sur les rapports favorables présentés au nom de la Commission des Colonies par M. Emile Labiche, et par M. Ernest Boulanger, rapporteur général de la Commission des finances, le Sénat adopte la proposition de loi portant création du ministère des Colonies ainsi que le crédit de 150.000 francs affecté à cette création.

La loi, datée du 20 mars, est promulguée au *Journal offi-ciel* du 21 mars dans les termes suivants :

Article unique. — L'Administration des Colonies est érigée en ministère.

La démission de M. Maurice Lebon, sous-secrétaire d'Etat aux Colonies, est insérée à la date du 20 mars dans le même numéro du *Journal officiel* qui contient en outre deux décrets dont le premier est ainsi conçu :

Les décrets des 14, 19 et 23 mars 1889, relatifs au rattachement des services coloniaux au ministère du Commerce et de l'Industrie, sont rapportés.

5

Par le second décret, M. Ernest Boulanger [1], sénateur, est nommé ministre des Colonies.

Un décret du 24 mars 1894 porte que dorénavant le ministère du Commerce et de l'Industrie sera intitulé : « *Ministère du Commerce, de l'Industrie, des Postes et des Télégraphes* ».

Le 4 avril, nouvelle explosion d'une bombe de dynamite placée sur une fenêtre du restaurant Foyot, situé en face le palais du Sénat. M. Laurent Taillade, écrivain anarchiste, qui dînait à côté de cette fenêtre, est grièvement blessé. L'auteur de cet attentat est resté inconnu.

Le 30 avril, a lieu, à la Chambre des députés, la discussion d'une interpellation de M. Jaurès, député socialiste, « sur les mesures que le Gouvernement compte prendre contre les capitalistes et les prêtres qui ont subventionné la propagande par le fait ». MM. le comte de Mun, le vicomte d'Hugues, Mgr d'Hulst, MM. Millerand et Jaurès prennent part au débat qui est très passionné. La discussion se termine par le vote de l'ordre du jour pur et simple accepté par le Gouvernement et adopté par 340 voix contre 179.

Le 1er mai, autre interpellation de M. Chauvière, député de Paris, au ministre de l'Intérieur, sur l'installation du préfet de la Seine à l'Hôtel de Ville [2]. M. Chauvière, M. Raynal, ministre de l'Intérieur ; M. Alphonse Humbert, ancien président du conseil municipal de Paris, député de la Seine, prennent part aux débats qui se terminent par le vote de l'ordre du jour pur et simple, accepté par le Gouvernement et adopté par 394 voix contre 98.

Le 8 mai, la Chambre des députés discute la demande en autorisation de poursuites formée contre M. Toussaint, député socialiste de la Seine, accusé d'outrages à l'égard de la gen-

1. Sénateur de la Meuse, directeur général de l'administration de l'enregistrement, des domaines et du timbre de 1883 à 1886, nommé directeur honoraire de cette administration lors de son passage au Sénat (25 juillet 1886); président du conseil d'administration de la Compagnie générale des Omnibus de Paris. Nommé en dernier lieu premier président à la Cour des comptes (décret du 4 octobre 1894).

2. Le Pavillon de Flore aux Tuileries, occupé par le préfet de la Seine, avait été affecté au logement de M. Ernest Boulanger, récemment nommé ministre des Colonies.

darmerie, lors de la grève de Treignac. M. Millerand, rapporteur, conclut, au nom de la commission, au rejet des poursuites. Après un discours de M. Goirand, qui combat ces conclusions, M. Casimir-Perier, président du Conseil, monte à la tribune et demande à la Chambre de repousser les conclusions de la commission et de voter les poursuites. Il pose à ce sujet la question de confiance. Alors, par 279 voix contre 214, la Chambre des députés vote les poursuites et donne ainsi gain de cause au Gouvernement.

Le 17 mai, discussion à la Chambre des députés d'une interpellation de MM. Raiberti, Pourquery de Boisserin et Goujat sur les mesures que le Gouvernement compte prendre à la suite d'une circulaire confidentielle adressée le 12 mai, aux évêques de France, par Mgr Ferrata, nonce apostolique, au sujet de l'application de la loi sur la comptabilité des fabriques[1], et dont voici un extrait :

Le Saint-Père désire que les évêques, dans leurs réponses au Gouvernement, tout en évitant de se mettre en opposition directe avec la loi, formulent les réserves nécessaires et opportunes et fassent tous leurs efforts en vue d'obtenir la modification des règlements et la réforme de la loi sur la comptabilité des fabriques, s'appuyant, à cet effet, sur les difficultés générales et locales que rencontre l'application de cette loi.

M. Casimir-Perier, président du Conseil, ministre des Affaires étrangères, monte à la tribune et prononce un discours qui soulève de nombreux applaudissements. Il cite les termes dans lesquels il a rappelé les principes généraux en la matière :

La forme du document et son caractère, écrivait-il à Rome, sont inacceptables. Gardiens de la loi, des droits de la société civile et de toutes les traditions, nous ne pouvons admettre un acte de cette nature. (*Vifs applaudissements.*)

1. Par un décret du 27 mars 1893, M. Ch. Dupuy, alors ministre des Cultes, avait prescrit la mise en vigueur de la loi du 26 janvier 1892 sur la comptabilité des fabriques. Mgr Couillié, archevêque de Lyon, avait, dans une lettre écrite au mois de mars, invité les curés de son diocèse à ne pas tenir compte de cette loi, et à établir la comptabilité de leurs fabriques suivant l'ancienne règle. Cette lettre a valu à l'archevêque de Lyon la suppression de son traitement et la déclaration comme d'abus devant le Conseil d'État. Le 1er juillet suivant, cette décision a été rapportée et ordre a été donné de payer à Mgr Couillié tout l'arriéré de son traitement.

Plus loin, M. Casimir-Perier ajoute :

Voici la déclaration que je suis autorisé à faire :

« Le nonce reconnaît que le document, conçu dans une pensée
d'apaisement et de conciliation, a été publié contre son gré; qu'il
regrette cette publication, et qu'il aura soin qu'un pareil incident
ne se reproduise pas. » (*Interruptions à l'extrême gauche.*)

La Chambre appréciera. Quant à moi, comme chef du Gouvernement, j'estime que l'incident est clos. (*Applaudissements au
centre et sur divers bancs à droite.*)

Et maintenant, messieurs, dit en terminant M. Casimir-Perier,
si ces éclaircissements ne sont pas suffisants (*Si! si!*), qu'on en
provoque d'autres. Je le demande avec instance ; mais, je vous
en prie, lorsqu'il sera établi que nous avons été les défenseurs
vigilants et les gardiens des droits de la société civile, qu'on en
finisse avec des accusations... (*Nouveaux applaudissements*) auxquelles ne croient pas beaucoup de ceux qui les formulent au
dehors. (*Très bien! très bien!*) Je demande — c'est l'intérêt de
notre pays, c'est celui de la République et de la démocratie —
que nous en finissions avec des discussions qui prennent trop souvent le caractère de querelles personnelles ou de compétition
individuelles.

Dites, je me permets de l'exiger, si vous croyez, oui ou non,
que nous pouvons servir efficacement avec vous la cause des
réformes et de la démocratie française. (*Plusieurs salves d'applaudissements. — L'orateur, de retour au banc du Gouvernement,
reçoit de nombreuses félicitations.*)

Six ordres du jour sont présentés. L'un d'entre eux, celui de
M. Pierre Richard, propose la dénonciation du Concordat.
La priorité est accordée à celui de MM. Georges Leygues et
Descubes qui est ainsi conçu :

La Chambre, approuvant les déclarations du Gouvernement,
passe à l'ordre du jour.

Cet ordre du jour, qui est accepté par le Gouvernement,
est adopté par 334 voix contre 142.

Démission du ministère Casimir-Perier (22 mai 1894).

Le ministère Casimir - Perier, qui avait, le 17 mai,
remporté une victoire si éclatante, est tombé le 22 mai

sur une question inattendue et d'importance secondaire. Ce jour-là, à la séance de la Chambre des députés, M. Salis, député de l'Hérault, pose une question à M. Jonnart, ministre des travaux publics, « au sujet du refus opposé par les compagnies de chemins de fer aux agents et employés de la voie, de les laisser assister au congrès national de la fédération de leurs chambres syndicales. »

La réunion de ce congrès doit avoir lieu le jeudi 24 mai. M. Salis explique que la veille une délégation des ouvriers et employés de chemins de fer s'était rendue à la Chambre pour se plaindre, auprès des députés socialistes, du refus des compagnies d'accorder aux délégués de leurs employés ou ouvriers un congé leur permettant d'assister au congrès.

Une délégation de députés, dont faisait partie M. Ouvré, de Fontainebleau, avait promis de se rendre auprès de M. Jonnart pour le mettre au courant de l'incident. Le ministre des travaux publics avait déclaré qu'il s'était déjà préoccupé de la question, et avait promis de saisir à nouveau les compagnies du vœu exprimé par la délégation. « Cependant, à l'heure présente, déclare M. Salis, le syndicat des employés et ouvriers des chemins de fer n'a encore reçu aucune autorisation, aucun avis de la part des compagnies. »

Et il demande au Gouvernement ce qu'il compte faire en présence du refus des grandes compagnies de se conformer à la loi du 21 mars 1884 sur les syndicats professionnels.

M. Jonnart, ministre des Travaux publics, monte à la tribune. Il déclare que, la veille encore, il a rappelé aux grandes compagnies de chemins de fer que, dans l'examen des demandes de congés de leurs employés, elles ne devaient tenir compte que des besoins du service, et qu'elles ne devaient pas apporter d'entraves au droit de leurs employés de se réunir, de discuter librement leurs intérêts.

M. Jourde, député de la Gironde, demande alors au ministre ce qu'il fera pour les employés des chemins de fer de l'État.

M. Jonnart répond que les ouvriers et employés des chemins de fer de l'État sont des agents de l'État, que par suite, la loi de 1884 ne leur est pas applicable.

En réalité, dit en terminant le ministre des Travaux publics, permettre aux employés de l'État de se prévaloir des dispositions de la loi de 1884, c'est leur permettre de se syndiquer contre la représentation nationale elle-même.

A cette affirmation, l'opposition proteste et le centre applaudit. M. Salis regrette l'interprétation donnée par le ministre à la loi de 1884. M. Jourde demande à transformer la question en interpellation. La Chambre et le Gouvernement acceptent et la discussion immédiate commence.

M. Jourde proteste contre la théorie ministérielle. « Il faut, dit-il, que l'exemple vienne de l'État. Il faut que la loi sur les syndicats soit respectée », et il rappelle à cette occasion l'opinion « d'un de nos plus sympathiques collègues, alors ministre des Travaux publics, le regretté M. Viette, dont les employés de chemins de fer conservent pieusement la mémoire, parce qu'ils savent qu'ils avaient en lui un ami et et un défenseur sincère ». A son tour, M. Millerand monte à la tribune. Il rappelle, lui aussi, les déclarations de M. Viette. Il prend à partie les membres du Cabinet qui ont des intérêts personnels identiques à ceux des grandes compagnies et opposés à ceux des travailleurs. Il reproche au Gouvernement d'apporter à la tribune une théorie inadmissible sur l'inapplicabilité de la loi de 1884 aux employés de l'État. Il fait remarquer la contradiction flagrante de cette théorie avec la pratique même du Gouvernement qui reconnaît les syndicats des ouvriers des allumettes et des manufactures de l'État. M. Millerand conclut en déposant l'ordre du jour suivant :

« La Chambre invite M. le ministre des Travaux publics à faire respecter par les compagnies de chemins de fer et, en premier lieu, par l'administration des chemins de fer de l'État, la loi sur les syndicats professionnels, et passe à l'ordre du jour. »

Je n'ajoute qu'un mot, termine M. Millerand, cet ordre du jour est la reproduction de l'ordre du jour qui a été voté à mains levées en 1893, par la Chambre précédente d'accord avec M. le ministre des Travaux publics. (Applaudissements vifs et répétés à l'extrême gauche et sur divers bancs à gauche.)

M. de la Porte, qui appartient à la région des chemins de fer de l'État, constate que les ouvriers et employés de ce réseau n'avaient jamais vu contester leur droit de se syndiquer. Il appuie donc la théorie de M. Millerand.

M. Jonnart réplique :

On ne peut, dit-il, rien demander de plus au ministère que ce qu'il a fait, c'est-à-dire d'avoir invité les compagnies à ne tenir compte que des nécessités du service. Quant aux employés de l'État, payés sur le budget discuté par le Parlement, ce sont bien des agents de l'État, et on ne saurait faire en leur faveur aucune distinction.

A son tour, M. Ouvré intervient pour déclarer que l'exemple doit venir de l'État. M. Fernand de Ramel, député conservateur, combat la théorie du Gouvernement, et dépose l'ordre du jour suivant à peu près conçu dans les mêmes termes que celui de M. Millerand :

La Chambre, considérant que la loi de 1884 s'applique aux ouvriers et employés des exploitations de l'État aussi bien qu'à ceux des industries privées, invite le Gouvernement à la respecter et à en faciliter l'exécution. (*Applaudissements à droite.*)

Au centre on demande l'ordre du jour pur et simple. M. Casimir-Perier, président du conseil, se borne à faire cette simple déclaration :

Le Gouvernement repousse les deux ordres du jour motivés de MM. Millerand et de Ramel.

A défaut d'ordre du jour de confiance, le Gouvernement est censé n'accepter que l'ordre du jour pur et simple. Cet ordre du jour, ayant de droit la priorité, est mis aux voix. Le scrutin donne le résultat suivant :

Pour l'adoption...................... 217 [1]

Contre............................... 251

La Chambre des députés n'a pas adopté. (*Vifs applaudissements à l'extrême gauche et sur plusieurs bancs à droite.*)

(M. le président du Conseil et MM. les ministres quittent la salle des séances. — *Applaudissements au centre et à gauche.* — *Applaudissements ironiques à l'extrême gauche.*)

Sur plusieurs bancs à l'extrême gauche. — Vive la République ! (*Agitation prolongée.*)

1. Ce scrutin se décomposait ainsi : *Pour :* 174 républicains, 4 radicaux, 18 ralliés, 21 conservateurs; total 217. *Contre :* 58 républicains, 116 radicaux, 55 socialistes, 5 ralliés, 17 conservateurs; total 251.

Pour rétablir la situation, les députés républicains veulent déposer, comme c'est la tradition, un ordre du jour de confiance; mais M. Casimir-Perier se lève, plie son portefeuille, et en passant devant l'extrême gauche, salue ses adversaires et joint ses applaudissements aux leurs.

Un moment de stupeur succède à cette sortie du président du Conseil que suivent tous les ministres présents à la séance : MM. Raynal, Jonnart, le général Mercier, Antonin Dubost, Viger, Marty.

Ensuite, la Chambre des députés passe au scrutin sur la priorité à accorder à l'ordre du jour de M. Millerand. La priorité est repoussée par 240 voix contre 224. L'ordre du jour de M. de Ramel, auquel se rallie M. Millerand, est finalement adopté par 251 voix contre 223.

En sortant de la Chambre des députés, M. Casimir-Perier s'est rendu auprès du Président de la République, auquel il a fait part de sa détermination.

L'entrevue a été des plus cordiales ; mais, malgré les instances de M. Carnot, M. Casimir-Perier s'est montré inébranlable.

Le *Journal Officiel* du 24 mai publie la note suivante datée du 23 mai :

A la suite de la séance de la Chambre des députés du 22 mai, les ministres se sont réunis, le soir même, au ministère des Affaires étrangères et ont signé leurs démissions. Ces démissions ont été remises ce matin au Président de la République qui les a acceptées. Sur la demande du Président de la République, les ministres demeurent chargés de l'expédition des affaires jusqu'à la nomination de leurs successeurs.

Deuxième ministère Ch. Dupuy (30 mai-1er juillet 1894).

Comme pour le précédent, la formation du nouveau Cabinet a été très laborieuse. Le 23 mai, M. Carnot, sur le conseil de M. Ch. Dupuy, président de la Chambre des députés, fait appeler M. Léon Bourgeois, comme le seul homme politique indiqué par le sentiment général pour prendre le pouvoir. Mais après un examen approfondi de la situation, M. Léon Bourgeois décline d'une manière formelle et définitive l'honneur de former le Cabinet. Le même jour, les différents groupes de la Chambre des députés se réunissent

pour examiner la situation. Le groupe des républicains de
gouvernement, qui forme la fraction la plus importante de la
majorité, affirme, dans un ordre du jour très net, sa résolution de combattre tout Cabinet qui ne serait pas décidé à
soutenir exactement la même politique que le cabinet Casimir-
Perier. Le groupe des progressistes et celui des radicaux
socialistes votent, de leur côté, des ordres du jour condam-
nant irrémédiablement tout Cabinet qui ne portera pas résolument à gauche l'axe de la politique.

Le 24 mai, M. Ch. Dupuy a été mandé deux fois par
M. Carnot. « De cette double entrevue, il est résulté que la
situation actuelle ne semblait pas indiquer le choix de
M. Ch. Dupuy pour la présidence du conseil [1]. » M. Carnot
fait ensuite appeler M. Peytral, ancien ministre des finances,
sénateur radical des Bouches-du-Rhône, à qui il offre la mission de former le Cabinet. M. Peytral décline cet honneur
comme étant au-dessus de ses forces. Le lendemain 25 mai,
MM. Peytral et Bourgeois, appelés de nouveau à l'Elysée,
déclinent de nouveau la mission de former le Cabinet.
M. Henri Brisson, député de la Seine, radical intransigeant,
appelé à son tour, se récuse également, faisant du reste facilement comprendre à M. Carnot l'impossibilité pour lui de
réunir une majorité à la Chambre des députés. M. Léon
Bourgeois, appelé de nouveau à l'Elysée, renouvelle son
refus à M. Carnot, qui fait alors appel au dévouement et au
patriotisme de M. Ch. Dupuy. Le président de la Chambre
des députés, cédant au désir de M. Carnot, commence ses
démarches le 26 mai. Il rencontre des difficultés imprévues.

Le portefeuille des finances, le plus difficile à faire accepter en raison du budget de 1895, est refusé par M. Poincaré qui déclare qu'il ne se sent pas en mesure « d'assumer
la tâche du ministère des finances ». M. Burdeau, à qui
M. Ch. Dupuy demande de conserver le portefeuille des
finances, décline cette offre pour diverses causes, notamment en raison de l'engagement de solidarité qu'ont pris les
membres du Cabinet Casimir-Perier. M. Ernest Boulanger,
sollicité également par M. Ch. Dupuy pour ce même portefeuille, fait la même réponse que M. Burdeau, ajoutant que,

1. *Agence Havas* du 24 mai.

premier ministre des Colonies, il s'était exclusivement consacré à cette tâche, et ne se trouvait pas en situation d'élaborer un nouveau budget pour 1895.

Le lendemain 28 mai, M. Poincaré ayant fini par accepter le portefeuille des finances, M. Ch. Dupuy, après avoir présidé la séance de la Chambre des députés, accepte officiellement la mission de former le Cabinet, et le 29 mai, il compose son ministère dont les décrets de nomination, datés du 30 mai, sont insérés au *Journal officiel* du 31 mai.

Le premier décret détache l'administration des Cultes du ministère de l'Instruction publique et des Beaux-Arts pour la rattacher au ministère de l'Intérieur.

Présid. du conseil, Intérieur et Cultes. Ch. Dupuy, député.
Justice. Eugène Guérin, sénateur.
Affaires étrangères. Gabriel Hanotaux, ancien député, ancien ministre plénipotentiaire.
Finances. Raymond Poincaré, député.
Instruction publique et Beaux-Arts. Georges Leygues, député.

Guerre. Général Auguste Mercier[1].
Marine. Félix Faure, député.
Travaux publics. Louis Barthou, député.
Commerce, Industrie, Postes et Télégraphes. Victor Lourties, sénateur.
Agriculture. Viger[1], député.
Colonies. Delcassé, député.

Le 31 mai, à la séance de la Chambre des députés, après la lecture par M. de Mahy, vice-président, de la lettre par laquelle M. Ch. Dupuy donne sa démission de président de la Chambre des députés, M. le président du Conseil donne lecture de la déclaration ministérielle, dont voici quelques extraits :

Messieurs, vous avez devant vous des hommes de bonne volonté. Nous n'avons disputé le pouvoir à personne; nous l'avons accepté par devoir, en patriotes et en républicains.

Nous n'ignorons pas les difficultés au milieu desquelles nous arrivons aux affaires. Nous espérons fermement que vous nous aiderez à les résoudre.

Vous savez que nous garantirons résolument l'ordre public contre toutes les agitations, et que nous assurerons en toute circonstance l'exacte observation des lois républicaines.

Nous avons aussi l'ambition d'apporter le plus actif concours

1. Membre du Cabinet précédent.

aux œuvres démocratiques qui doivent marquer la présente législature.

Nous donnerons une attention particulière à celles qui sont à l'étude dans les grandes commissions de la prévoyance sociale et du travail, dont les conclusions pratiques démontreront aux ouvriers des villes et à ceux des campagnes que la République n'a pas besoin de devenir révolutionnaire pour améliorer leur sort.

Mais, à n'en pas douter, l'objet principal de la législature est le problème financier dont tous les partis s'accordent à reconnaître l'importance.

En ce qui concerne la politique étrangère, nous aurons à cœur de maintenir cette continuité de vues et de relations qui, en dépit de la rivalité des opinions politiques, a permis à notre pays de reprendre parmi les nations une place digne de son nom et de son histoire.

Forts de votre appui, pénétrés comme vous du sentiment national, nous serons, en toute occasion, les gardiens attentifs des intérêts de la France et les défenseurs énergiques de ses droits.

Cette déclaration est vivement applaudie sur un grand nombre de bancs.

M. le président donne ensuite lecture d'une demande d'interpellation de MM. Félix Mathé, Leydet, Merlou et Pajot ainsi conçue : « Nous avons l'honneur de demander à interpeller le ministère sur sa formation et sa politique. » Malgré la protestation de M. René Goblet, la discussion de cette interpellation est renvoyée au lundi suivant, 4 juin.

La formation du nouveau ministère avait été troublée par un incident qui aurait pu avoir une certaine gravité. Le dimanche 27 mai, les groupes révolutionnaires se sont, comme tous les ans, rendus au cimetière du Père-Lachaise pour manifester au mur des fédérés fusillés le 25 mai 1871. Mais des mesures d'ordre très sévères avaient été prises par la préfecture de police; les discours au cimetière étaient, cette année, formellement interdits. En présence de cette consigne, les révolutionnaires ont décidé d'ajourner leur manifestation jusqu'après la formation du nouveau ministère.

Le dimanche 3 juin, en effet, a lieu une seconde manifestation socialiste révolutionnaire. Les mêmes mesures d'ordre avaient été prises. Le cimetière du Père-Lachaise était occupé militairement. Les manifestants, peu nombreux, promènent leurs couronnes sur les boulevards extérieurs, puis viennent les déposer par petits groupes au mur des fédérés ; mais tout se passe dans le plus grand calme. La manifestation avait été déconseillée par les députés du groupe socialiste qui, la veille, avaient fait paraître un avis portant qu'ils resteraient chez eux le 3 juin, et engageaient leurs amis politiques à en faire autant.

Le jour même de la lecture de la déclaration ministérielle à la Chambre des députés, le 31 mai, M. Le Hérissé monte à la tribune pour poser une question à M. le ministre de la Guerre au sujet des révélations faites par le journal la *Patrie* sur l'affaire de l'inventeur Turpin [1].

Dans un discours patriotique, M. Le Hérissé rappelle tous les incidents de cette affaire ; il termine en demandant à M. le ministre de la Guerre « quels sont les motifs qui lui ont fait refuser d'entrer en relations avec M. Turpin, à qui l'administration de la Guerre a déjà donné plusieurs centaines de mille francs pour les services qu'il a pu rendre à la défense nationale ».

M. le général Mercier monte à la tribune pour répondre. Il déclare que M. Turpin manque de patriotisme et de sens

1. Le 29 mai, la *Patrie*, grand journal du soir, publiait un article où il était dit que M. Turpin, inventeur chimiste, après avoir vainement tenté une foule de démarches auprès de M. Carnot, président de la République, du général Mercier, ministre de la Guerre, et de M. Casimir-Perier, président du Conseil, venait de vendre à une des puissances de la Triple Alliance le secret d'un engin de guerre d'une puissance formidable. M. Fernand de Ramel, député conservateur du Gard, avait, à ce sujet, adressé les 7 et 12 mai deux lettres à M. le président du Conseil pour le prier, dans l'intérêt de la défense nationale, d'accorder une audience à M. Turpin pour lui permettre d'exposer sa nouvelle invention. M. Casimir-Perier lui avait répondu le 15 mai une lettre où il disait que, d'après la déclaration de M. le général Mercier, la lettre inconvenante que M. Turpin avait écrite le 20 avril dernier à M. le général Deloye, directeur de l'artillerie, « ne permettait pas au département de la Guerre de se mettre à nouveau en rapport avec cet inventeur ».

D'autre part, le 29 mai au soir, M. Le Hérissé était allé prévenir M. le ministre de la Guerre de son intention de lui poser une question à ce sujet. M. le général Mercier lui aurait répondu :

« M. Turpin est un personnage malpropre qui salit tout ce qu'il touche : je tiens à mon honneur et je n'ai pas voulu le recevoir. »

moral. Il refait l'historique de l'affaire Turpin-Triponé, et il ajoute :

Je suis convaincu qu'en ce moment c'est une opération de chantage qu'on fait... (*Très bien! très bien! sur divers bancs*), opération à laquelle on veut associer le Gouvernement français, comme on l'a essayé pour la mélinite.

Nous ne voulons pas nous prêter à ces manœuvres. (*Applaudissements.*)

Je conclus en disant : Je ne crois pas, dans les conditions où M. Turpin s'est placé vis-à-vis du Gouvernement français et de la France, qu'il appartienne au ministère de la Guerre d'entrer directement en relations avec M. Turpin.

Il y a des moyens réguliers à la disposition des inventeurs; il existe une commission chargée d'examiner préalablement toutes les inventions concernant l'armée...

M. Turpin peut lui présenter son invention. Si vous estimez qu'il y a des égards particuliers à avoir pour M. Turpin, vous pouvez employer des procédés exceptionnels.

M. Turpin est à vendre et, le jour où vous y mettrez le prix, vous l'aurez. (*Applaudissements à gauche et au centre.*)

Cette réponse ne satisfait pas M. Le Hérissé qui, dans sa réplique, critique vertement les bureaux de la Guerre. Son discours est salué par de nombreux applaudissements. Sur la demande de M. Pourquery de Boisserin, la question est transformée en interpellation. M. Pourquery de Boisserin convient que M. Turpin est un misérable, mais le ministre de la Guerre ne devait pas moins l'entendre. M. Marcel Habert demande la nomination d'une commission d'enquête. M. Alphonse Humbert, dans un discours qui produit une vive impression et qui est couvert d'applaudissements, signale l'impossibilité pour un inventeur quelconque de faire connaître son invention au ministre de la Guerre et soutient énergiquement que le devoir du ministre de la Guerre était de traiter avec M. Turpin, afin de l'empêcher de commettre un crime.

Deux ordres du jour sont présentés.

Le premier, de MM. Le Hérissé, Alphonse Humbert et Bazille, est ainsi conçu :

La Chambre invite M. le ministre de la Guerre à apporter les modifications nécessaires au bon fonctionnement des commissions chargées de l'examen des inventions, de façon à assurer la sécurité des inventeurs et la défense du pays, et passe à l'ordre du jour

Le second, de M. Flandin, est ainsi conçu :

La Chambre, confiante dans la vigilance du Gouvernement pour assurer en toutes circonstances l'étude approfondie des inventions scientifiques pouvant contribuer à la défense nationale, passe à l'ordre du jour.

D'autre part, l'ordre du jour pur et simple est demandé au centre. C'est alors qu'intervient M. Ch. Dupuy, président du Conseil. Il explique les raisons pour lesquelles il ne peut accepter que l'ordre du jour de M Flandin :

Dans notre esprit, dit-il, cet ordre du jour répond exactement à la question précise qui a été posée; si les inventeurs veulent entrer en relations avec le ministère de la Guerre pour lui proposer des procédés scientifiques intéressant la défense nationale, ils sont, ils seront sûrs en toute circonstance d'être entendus.

C'est aujourd'hui que nous naissons, je puis même dire au milieu du bruit et de l'orage. En acceptant l'ordre du jour de M. Flandin, nous faisons preuve d'un sentiment de conciliation et d'un esprit attentif à la défense nationale.

L'ordre du jour de M. Flandin, qui a la priorité, est mis aux voix et adopté par 416 voix contre 102. C'est le Gouvernement qui triomphe.

Le 3 juin, on apprend par la voie de la presse que M. Turpin, qui s'était réfugié à Bruxelles, a rompu brusquement ses pourparlers avec l'Allemagne et avec la Société des capitalistes belges en formation. Il a confié le pli contenant le secret de son invention à trois de ses amis, MM. Cardane et Emile Gauthier, rédacteurs au *Figaro*, et M. Lagrange, rédacteur à la *Patrie*, qui en ont fait le dépôt officiel le lendemain 4 juin à la préfecture de la Seine.

Le 2 juin, M. Casimir-Perier, président du Conseil démissionnaire, est élu président de la Chambre des députés, en remplacement de M. Ch. Dupuy, par 229 voix contre 187 à M. Léon Bourgeois, candidat radical. M. Burdeau est ensuite élu vice-président par 201 voix en remplacement de M. Félix Faure, nommé ministre de la Marine.

Le 4 juin, M. Casimir-Perier prononce à la Chambre des

députés son discours d'installation qui est chaleureusement
applaudi.

Vient ensuite la discussion de l'interpellation déposée le
1er juin par MM. Félix Mathé, Leydet et consorts « sur la formation du ministère et sur sa politique ». M. René Goblet
prend le premier la parole. Il expose que les règles parlementaires ont été violées, puisque c'est dans la minorité que
le nouveau ministère a été choisi. Il laisse entendre que ce
dénouement à la crise paraît être plutôt le résultat d'un choix
personnel, que celui d'un choix fondé sur les indications de
la Chambre des députés. Il termine en déclarant que si la
Chambre des députés sanctionne cette grave atteinte au régime parlementaire, elle en assume la responsabilité. (*Applaudissements à l'extrême gauche et sur divers bancs à gauche.*)

M. Goblet dépose ensuite l'ordre du jour suivant:

La Chambre, considérant que la composition du ministère est en
opposition avec les droits parlementaires, et que sa politique ne
répond pas à celle de la majorité, passe à l'ordre du jour.

M. Ch. Dupuy, président du Conseil, répond à M. Goblet.
Il rappelle les termes de la déclaration ministérielle et ré-
sume la politique religieuse du gouvernement dans cette
phrase : « Respect aux lois de l'État, respect aux consciences ».
La déclaration de M. Ch. Dupuy est vivement applaudie par
toute la Chambre, sauf à l'extrême droite et à l'extrême
gauche. M. Camille Pelletan reproche au ministère son alliance avec la droite, avec l'Église, et son attentat contre les
syndicats ouvriers. M. Terrier, ancien ministre, fait le même
reproche au Cabinet. M. Mirman demande au Gouvernement
une réponse précise relativement à l'ordre du jour voté par
la Chambre des députés le 22 mai dernier. M. le président
du Conseil déclare que « la loi du 21 mars 1884 doit être
appliquée d'une façon générale en ce qui concerne l'ordre du
jour du 22 mai sur les syndicats professionnels ». Six ordres
du jour sont déposés, dont un de MM. Isambert, André
Lebon, etc., qui est ainsi conçu :

La Chambre, confiante dans le Gouvernement pour faire aboutir,
par l'union des républicains, une politique de réformes démocratiques et de défense des droits de la société laïque, passe à l'ordre
du jour.

Le Gouvernement déclare accepter cet ordre du jour qui est ensuite adopté par 315 voix [1] contre 169. Ce résultat, qui est accueilli par les applaudissements de toute la Chambre, sauf l'extrême droite et l'extrême gauche, indique la concentration à gauche et l'orientation du Gouvernement dans ce sens.

Le 21 mai, M. le général Riu avait posé une question à M. le général Mercier, ministre de la Guerre, au sujet d'un article publié le 18 mai par le *Figaro*, intitulé : *Enquête sur le désarmement*, et inspiré par un général commandant d'armée. Dans cet article, qui avait jeté une profonde émotion dans tout le pays, ce général :

Déclarait le Gouvernement démocratique et parlementaire incompatible avec les exigences de la sécurité nationale. Il accusait nos soldats d'indiscipline, regrettait qu'en France, comme en Prusse, un général ne pût pas gifler impunément un simple citoyen, parlait de réduire l'armée française au rôle et aux proportions d'une garde prétorienne à l'intérieur, proclamait l'infériorité de notre système de mobilisation, et, pour tout dire, annonçait la défaite, en se déclarant lui-même incapable de commander ses 250.000 hommes ou même de les nourrir, faute de moyens de transport et de boulangers. (*Exclamations et rires.*)

M. le ministre de la Guerre avait répondu à M. le général Riu qu'il avait questionné tous les commandants d'armée au sujet de cet article, et que tous avaient répondu par le démenti le plus net, le plus formel.

Le 5 juin, M. Paschal Grousset, député de la Seine, ancien délégué aux affaires étrangères pendant la Commune de 1871, pose une question à M. le ministre de la Guerre sur le même sujet. Il rappelle les termes de l'article du *Figaro* et déclare qu'il possède la preuve que l'article en question a été dicté par un général d'armée à deux rédacteurs du *Figaro*, MM. Charles Morice et Henri Jarzuel. Ce sont ces deux journalistes eux-mêmes qui lui ont affirmé le fait chez lui et lui ont cité le nom du général, en présence de témoins invisibles qu'il avait apostés.

Toute la Chambre indignée somme M. Grousset de s ex-

---

1. Ces 315 voix étaient exclusivement républicaines.

pliquer. Mais M. Grousset se borne à conclure en affirmant qu'il a donné un commencement de preuve. Il donnera le nom après la réponse du ministre.

M. le général Mercier monte à la tribune pour répondre.

Il est très grave, dit-il, de venir avec une accusation anonyme... (*Applaudissements*) faire peser le soupçon sur toute la collectivité des chefs placés aux rangs les plus élevés de l'armée ; il est très grave de venir ébranler les sentiments de confiance et de solidarité que doivent éprouver les uns pour les autres tous ceux qui sont appelés à combattre côte à côte, car cette confiance, cette solidarité, c'est la première et la plus essentielle condition du succès. En l'ébranlant, ce n'est pas un désarmement général que vous feriez : ce serait le désarmement de la France seule vis-à-vis des puissances étrangères.

Et maintenant la question vient de se préciser. On n'a pas cité de nom, mais on a nettement désigné une personnalité.

Cette personnalité, je la prends, et je vais vous dire l'invraisemblance qu'il y a à porter, surtout sur ce nom, une accusation comme celle qu'on vient de produire à la tribune.

Voulez-vous me permettre de lire six lignes extraites du rapport de l'état-major général allemand sur la bataille de Sedan? (*Rumeurs à l'extrême gauche.*)

Voix nombreuses. — Lisez ! lisez !

M. le ministre. — « Bien que le succès n'eût pas répondu aux efforts de ces braves escadrons[1], bien que leur héroïque tentative ait été impuissante à conjurer la catastrophe à laquelle l'armée française était déjà irrémissiblement vouée, celle-ci n'en est pas moins en droit de jeter un regard de légitime orgueil vers ces champs de Floing et de Cazal sur lesquels, dans cette mémorable journée de Sedan, sa cavalerie succomba glorieusement sous les coups d'un adversaire victorieux. » (*Bravos et applaudissements répétés.*)

Qui la commandait, cette cavalerie?

C'est le glorieux soldat qui, en ramenant ses escadrons décimés, sollicité de charger de nouveau, répondait au général en chef : « Tant que vous voudrez, mon général. »

M. Georges Berry. — Bravo ! Voilà qui est français !

M. le ministre. — Vous ne l'avez pas nommé. Eh bien ! moi, je le nomme : c'est le général de Galliffet. (*Triple salve d'applaudissements.*)

M. le vicomte de Montfort. — C'est une des gloires du

1. Le 3ᵉ régiment de chasseurs d'Afrique.

6

passé et c'est encore l'un des espoirs de l'avenir ! (*Applaudissements à droite et au centre.*)

M. le ministre de la Guerre. — Ses cheveux ont blanchi, mais son cœur et son tempérament sont restés les mêmes, et je puis vous répondre que c'est le cœur et le tempérament du plus crâne batailleur que j'aie jamais rencontré dans ma vie ! (*Applaudissements.*)

Accuser Galliffet de défaillance, c'est associer des mots qui hurlent de se voir accouplés ! (*Nouveaux applaudissements.*)

M. Paschal Grousset veut parler, mais la Chambre l'interrompt et couvre sa voix par des huées et des bruits divers.

M. Pierre Richard demande à transformer la question en interpellation.

M. Charles Dupuy, président du Conseil, monte à la tribune, et d'une voix très ferme fait la déclaration suivante, qui soulève une longue salve d'applaudissements :

La Chambre décidera comme elle l'entendra. Mais, au nom du Gouvernement, je déclare que nous n'avons pas un mot à ajouter aux déclarations du chef de l'armée.

M. Pierre Richard demande que pour l'honneur de l'armée cet incident ne soit pas clos sans ordre du jour, et il dépose l'ordre du jour suivant :

La Chambre, confiante dans l'armée de la République, prie le ministre de la Guerre, gardien de l'honneur de ses chefs, de poursuivre le journal et les personnes qui ont porté l'accusation qui fait l'objet de l'interpellation, et passe à l'ordre du jour.

M. de Cazenove de Pradines — le glorieux mutilé de Patay — d'une voix toute vibrante d'émotion, prend à son tour la parole et dépose l'ordre du jour suivant :

La Chambre, fière du courage de nos soldats et confiante dans la vaillance et l'honneur de leurs chefs, passe à l'ordre du jour.

D'autres ordres du jour dans le même sens sont déposés par MM. de Montfort, Guérin, etc.

Enfin, un ordre du jour de MM. Sauzet, Arthur Leroy, Jumel et Chaudey, acclamé par toute la Chambre, est ainsi conçu :

La Chambre, flétrissant les accusations odieuses si légèrement produites et confiante dans l'armée de la République, dans l'honneur et le patriotisme de ses chefs, passe à l'ordre du jour.

M. Paschal Grousset remonte à la tribune :

J'ai demandé à être poursuivi, dit-il ; on m'a fait observer qu'il n'était pas possible de me poursuivre pour les paroles prononcées dans cette enceinte.

Je tiens à déclarer devant la Chambre que ces paroles, je les reproduirai ce soir sous la forme d'un article de journal, et je mets le Gouvernement au défi de me poursuivre [1].(Applaudissements à l'extrême gauche.)

La priorité réclamée par M. Pierre Richard en faveur de son ordre du jour est repoussée par 423 voix contre 110, et l'on vote par division sur l'ordre du jour de M. Sauzet qui est accepté par le Gouvernement.

La première partie : « La Chambre, flétrissant les accusations odieuses et légèrement produites » est votée par 400 voix contre 83.

La seconde partie : « et confiante dans l'armée de la République, etc. », est adoptée à l'unanimité de 484 votants.

À la majorité de 408 voix contre 37 sur 445 votants, l'ensemble de l'ordre du jour est adopté.

Le 7 juin a lieu à la Chambre des députés la discussion d'une interpellation de MM. Etienne, François Deloncle et autres sur la politique française en Afrique au sujet des derniers accords intervenus entre l'Angleterre et l'Etat du Congo, et de certaines cessions de territoires faites au Congo par l'Angleterre. M. Etienne, dans un discours applaudi de tous les côtés de la Chambre, dénonce les tendances de l'Angleterre qui cherche à étendre son influence au delà des limites qui lui ont été assignées par les différents traités. M. François Deloncle traite la question relative aux territoires baignés par le Nil. MM. Flourens et Jules Delafosse sont également entendus. M. Hanotaux, ministre des Affaires étrangères, prononce un discours qui est chaleureusement applaudi par toute la Chambre. Il examine la convention anglo-congolaise du 12 mai dernier au sujet de laquelle le Gouvernement français a adressé aux cabinets de Londres et de Bruxelles

---

1. Le soir même, en effet, M. Paschal Grousset adressait à M. Ch. Dupuy, président du Conseil, une lettre qui a été publiée dans les journaux du lendemain, et où il renouvelait d'une façon formelle et précise ses accusations contre le général de Galliffet.

ses réserves les plus expresses. En attendant que cette question soit discutée, la France considère cette convention comme nulle et de nulle portée.

Si la Chambre, dit-il en terminant, veut bien approuver les indications que je viens de lui donner, elle peut être assurée que le Gouvernement saura défendre avec sang-froid, mais aussi avec énergie, les intérêts et les droits dont le pays lui a confié la garde. (*Très bien! très bien !*) Quant à votre diplomatie, messieurs, elle n'ignore pas que, parmi les lourdes tâches qui lui incombent, elle a le devoir d'assurer dans ces régions lointaines des réserves d'avenir aux destinées de la France : elle n'y manquera pas. (*Applaudissements prolongés. — L'orateur, de retour au banc du Gouvernement, reçoit de nombreuses félicitations.*)

M. Etienne remercie le ministre de ses déclarations et dépose ensuite l'ordre du jour suivant :

La Chambre, approuvant les déclarations du Gouvernement et convaincue que, s'appuyant sur les engagements internationaux, il saura faire respecter les droits de la France, passe à l'ordre du jour.

Cet ordre du jour est adopté à l'unanimité des 527 votants. (*Vifs applaudissements.*)

Je suis heureux de pouvoir constater, dit M. Casimir-Perier, que la Chambre a adopté l'ordre du jour à l'unanimité.

Toute la Chambre debout s'associe aux paroles de son président.

Le 11 juin, survient la mort du sultan du Maroc, Mouley-Hassan. Le bruit court qu'il a été empoisonné. Son second fils, Mouley Abdul-Aziz, âgé de seize ans, est proclamé à sa place. En prévision de troubles, M. Félix Faure, ministre de la Marine, prescrit à la 2ᵉ division de l'escadre active de se rendre, sous les ordres de l'amiral Le Bourgeois, en vue des côtes marocaines, pour se porter, si besoin est, devant Tanger. M. le comte d'Aubigny était alors ministre plénipotentiaire au Maroc.

Le 21 juin, a lieu à la Chambre des députés la discussion de l'interpellation de M. Thierry-Cazes, député du Gers, sur « l'attitude de M. le ministre de l'Instruction publique à l'égard des membres de l'enseignement public ». M. Thierry-Cazes

explique que M. Leydet, professeur de philosophie à Auch,
M. Rosselin, maître répétiteur au lycée Condorcet à Paris ;
M. Dubois, professeur au collège de Brive ; M. Marty, professeur au lycée d'Albi, et M. Robin, instituteur du Cher, ont
été l'objet de mesures de rigueur de la part du Gouvernement
« parce qu'ils professaient des idées socialistes ou avaient
combattu des républicains gouvernementaux ».

M. le Dr Lannelongue prend part à la discussion. M. Jaurès, député socialiste, ancien professeur de philosophie à la
Faculté de Toulouse, prononce un grand discours d'une éloquence remarquable, dans lequel il fait un merveilleux exposé
des devoirs des professeurs et des instituteurs comme éduca-
teurs de la jeunesse. M. Georges Leygues, ministre de l'Instruction publique, répond à M. Jaurès. Il explique les mesures
prises, et termine en déclarant que les membres de l'Univer-
sité sont protégés jusqu'à l'excès, et que l'autorité supérieure
est insuffisamment armée. La séance est suspendue à
7 heures 35 et reprise à 9 heures du soir ; elle dure jusqu'à
11 heures 35. M. Jaurès remonte à la tribune, et, dans un
discours qui dure deux heures, il défend le droit qu'ont les
professeurs de faire de la politique. Aux applaudissements
de l'extrême gauche, il termine ainsi :

Si la liberté doit être accordée aux prêtres, salariés eux aussi,
qui, investis d'un caractère officiel, combattent la République, la
liberté doit être aussi grande pour les professeurs qui la défen-
dent.

Six ordres du jour sont présentés. Celui de MM. de Lastey-
rie et Chaudey est ainsi conçu :

La Chambre, approuvant les déclarations du Gouvernement,
passe à l'ordre du jour.

Cet ordre du jour, qui est naturellement accepté par le
Gouvernement, est adopté par 389 voix contre 71.

Le 23 juin, a lieu la discussion d'une interpellation de
M. Camille Pelletan « sur la décision prise par le Gouvernement en ce qui concerne la durée des garanties d'intérêt des
compagnies de chemins de fer d'Orléans et du Midi ». Aux
applaudissements de toute la Chambre, M. Camille Pelletan,
dans un discours magistral, proteste contre les prétentions
de l'Orléans et du Midi, et engage le ministre des Travaux

publics à sauvegarder la fortune de la patrie française. M. Barthou, ministre des Travaux publics, répond que « la garantie s'arrête en 1914, et qu'il saura défendre les intérêts de l'Etat ». M. Raynal, ancien ministre des Travaux publics, auteur des conventions de 1883, répond aussi à M. Camille Pelletan; après une intervention de M. Poincaré, ministre des Finances, la discussion se termine par le vote de l'ordre du jour suivant, présenté par MM. Bourgeois (Jura), Chapuis et Darlan :

La Chambre, approuvant les déclarations du Gouvernement, passe à l'ordre du jour.

Cet ordre du jour, accepté par le Gouvernement, est adopté par 385 voix contre 21.

Mort de M. Carnot, Président de la République
(25 juin 1894).

Le samedi 23 juin 1894, à 10 heures du matin, M. Carnot, président de la République, accompagné de M. Ch. Dupuy président du Conseil, et du général Borius, quitte Paris pour aller visiter l'Exposition internationale de Lyon[1]. Il s'arrête à Dijon pour recevoir les autorités et donner une poignée de mains (la dernière !) à son gendre M. Cunisset-Carnot, procureur général, et à son fils, le lieutenant Sadi Carnot. Le train présidentiel arrive à Lyon à 6 heures du soir. M. Carnot est reçu par M. Rivaud, préfet du Rhône, et par M. le docteur Gailleton, maire de Lyon, au milieu de l'enthousiasme de la population lyonnaise. Il descend à l'hôtel de la Préfecture.
Le dimanche matin, 24 juin, M. Carnot, ayant à ses côtés M. Ch. Dupuy, le général Borius, les officiers de sa maison militaire, le préfet du Rhône, les sénateurs et les députés du département, reçoit à la Préfecture les autorités et les corps constitués. Des discours ont été prononcés par M. le docteur Gailleton, maire de Lyon; par M. Bouffier, président du conseil général ; par Mgr Couillié, archevêque de Lyon.

1. M. Carnot était allé une première fois à Lyon en octobre 1888 pour assister à la pose de la première pierre du monument élevé à la gloire de la République.

M. Carnot répond à tous ces discours avec l'affabilité qui lui est particulière. Il se rend ensuite à l'Exposition qu'il visite ; à cinq heures, il quitte le parc de la Tête-d'Or ; à 6 heures 1/2, le collège présidentiel quitte l'hôtel de la Préfecture pour se rendre au palais de la Bourse, où a lieu le banquet de mille couverts, offert au Président de la République par la municipalité lyonnaise et le Conseil général du Rhône. Partout sur son passage, la foule fait une ovation à M. Carnot. L'enthousiasme confine au délire. Pendant le banquet, M. le docteur Gailleton porte un toast à M. Carnot, qui répond par un long discours dont voici les dernières phrases :

> Dans notre chère France, il n'est plus de partis : un seul cœur bat dans toutes les poitrines quand l'honneur, quand la sécurité, quand les droits de la patrie sont en cause. L'union de tous ses enfants ne saurait davantage lui faire défaut pour assurer la marche incessante vers le progrès et la justice dont il lui appartient de donner l'exemple au monde.
>
> Je bois à la prospérité de la vaillante ville de Lyon et du département du Rhône !

Ce discours est suivi de plusieurs salves d'applaudissements et de cris unanimes et enthousiastes de : Vive la République ! Vive Carnot !

Le banquet finit à 9 heures 10 minutes.

Le Président de la République sort du palais de la Bourse du côté de la place des Cordeliers ; il monte en voiture avec M. le docteur Gailleton, le général Borius et le général Voisin, gouverneur militaire de Lyon, pour se rendre à la représentation de gala donnée en son honneur au Grand-Théâtre de Lyon. La voiture tourne à droite sur la rue de la République à l'extrémité de laquelle se trouve le Grand-Théâtre. A ce moment, la place et la rue pavoisées et éclairées à profusion par la lumière électrique sont couvertes d'une foule immense qui acclame M. Carnot par des vivats frénétiques. M. Carnot se montrait très joyeux et répondait en souriant à ces acclamations. Il avait prié les deux cavaliers qui se tenaient aux portières de se reculer pour permettre à la foule de l'approcher. Il saluait de la main droite et agitait son chapeau de la main gauche lorsque tout à coup un homme, coiffé d'une casquette, se précipite, escalade le marchepied et frappe violemment M. Carnot dans le flanc à l'aide d'un poignard qu'il tenait dissimulé dans un papier que M. Carnot, le prenant pour un placet, s'apprêtait à saisir de la main droite. L'assassin se sauve presque inaperçu en criant : Vive l'anarchie ! Vive la révolution sociale ! En même temps, M. Carnot s'affaisse livide sur les coussins du landau. La foule qui l'entoure, pressent qu'un crime vient d'être commis. Elle arrête aussitôt l'assassin ; les cris : A mort! à mort! retentissent autour de lui. Les gardiens de la paix l'arrachent avec peine à l'exaspération de la foule, et l'emmènent au poste de la rue Molière où, interrogé par M. Lépine, préfet de police, il déclare qu'il est Italien d'origine, qu'il se nomme Caserio Santo Ieronymo, et qu'il est né à Motta-Visconti (Lombardie) le 8 septembre 1873. Il habitait Cette depuis six mois ; il est arrivé le matin même à Lyon. Il avoue son crime et se dit anarchiste.

Pendant ce temps, M. Carnot est transporté dans son landau à la Préfecture, au milieu des cris de : Vive Carnot ! poussés par la foule en délire et ignorante de ce qui vient de se passer.

M. Carnot est étendu sur un lit, évanoui, les yeux éteints, le grand cordon de la Légion d'honneur taché de sang. Le général Borius est à ses côtés ; le docteur Gailleton lui donne les premiers soins. M. Carnot, reprenant connaissance, demande à parler à son compatriote, M. Bouchard, maire de Beaune, qui ne se trouve point là. Il est entouré des sommités médicales de Lyon, entre autres le docteur Ollier qui, le matin même, avait reçu des mains de M. Carnot, la croix de commandeur de la Légion d'honneur. Les docteurs Poncet et Ollier déshabillent le blessé et pratiquent sur la blessure une incision de 15 centimètres qui leur permet de constater que le foie est perforé sur une largeur de 20 millimètres et sur une profondeur de 18 centimètres[1]. Cette blessure a déterminé une hémorragie abondante qui a hypertrophié le foie. Pendant l'opération, M. Carnot, qui a repris connaissance, pousse des cris déchirants pendant que la foule, qui

---

1. La lame du poignard avait 16 centimètres de long sur 2 1/2 de large. L'assassin l'avait enfoncée avec une telle force qu'une partie du manche était entrée dans l'orifice de la blessure.

ne sait rien, applaudit le feu d'artifice qui est tiré au parc de la Tête-d'Or. Aussitôt informé du crime, Mgr Couillié, qui avait pris part au banquet du palais du Commerce, se rend vers 11 heures auprès de M. Carnot ; à minuit, il lui administre les derniers sacrements. M. Carnot sort un instant de son état comateux et dit ces simples mots : « Je m'en vais ». Il expire aussitôt après ; il était minuit 35 minutes.

A la nouvelle de l'attentat, la ville de Lyon passe d'une extrême joie à un extrême abattement ; les illuminations sont aussitôt éteintes. En apprenant que l'assassin est un Italien, la foule exaspérée veut user de représailles ; elle envahit les cafés italiens, entre autres le café Casati qu'elle saccage entièrement. Lorsqu'elle apprend que M. Carnot a succombé à sa blessure, l'exaspération ne connaît plus de bornes ; la foule se porte en masse devant le consulat italien que les gendarmes à cheval ont beaucoup de peine à protéger.

A 10 heures 35 du soir, M. Ch. Dupuy, président du Conseil, ministre de l'Intérieur, adresse aux présidents des deux Chambres, aux ministres, aux gouverneurs de Paris et de l'Algérie, aux préfets et aux sous-préfets une dépêche officielle ainsi conçue :

Lyon, le 24 juin, 10 h. 35 soir.

Le Président de la République a été frappé d'un coup de poignard, dans le trajet de la Chambre de commerce au Grand-Théâtre.

L'assassin a été arrêté aussitôt. Il tenait un placet d'une main et un poignard de l'autre.

Le Président a été transporté immédiatement à la Préfecture où il est entouré des sommités médicales de Lyon.

Dans cette douloureuse épreuve, le Gouvernement associe la France à ses vœux pour le Président de la République.

Signé : Charles DUPUY.

Plus tard, une seconde dépêche apporte la douloureuse nouvelle de la mort de M. le Président de la République. Ces dépêches sont insérées au *Journal officiel* du 25 juin.

Le corps diplomatique est averti à minuit 45 par les soins du ministre des Affaires étrangères. De son côté, M. le général Borius fait mettre un train spécial à la

disposition de Mme Carnot, qui part de Paris à 11 heures
du soir avec ses deux fils et le docteur Planchon, et
arrive à Lyon le lendemain à 6 heures 42 du matin,
trop tard, hélas! pour voir son mari vivant. En même
temps, M. Ch. Dupuy convoque le Conseil des ministres pour
le 25 juin à 9 heures du matin au ministère de l'Intérieur
où les ministres passent la nuit en permanence. Dans la
même nuit, en vertu de l'article 7 de la Constitution du
25 février 1875 [1], M. Challemel-Lacour, président du Sénat,
en sa qualité de président de l'Assemblée nationale, convoque le Sénat et la Chambre des députés en Assemblée
nationale pour le mercredi 27 juin à 1 heure, à l'effet de
procéder à l'élection d'un Président de la République. Cette
convocation figure au *Journal officiel* du 25 juin [2].

Le lundi 25 juin, à 2 heures, la Chambre des députés
tient sa séance. Au moment où M. Casimir-Perier, président,
monte au fauteuil, tous les députés se lèvent. Les membres
du corps diplomatique qui sont dans leur tribune, en font
autant. D'une voix émue, M. Casimir-Perier donne lecture
de la lettre suivante qu'il a reçue de M. Ch. Dupuy, président
du Conseil :

Paris, le 25 juin 1894.

Monsieur le Président,

Le Gouvernement a la profonde douleur d'annoncer à la
Chambre des députés la mort de M. le Président de la République.

1. Voy. cet article *suprà*, page 379.
2. La presse et un grand nombre de députés ont critiqué sévèrement
la date reculée de cette convocation qui n'était pas, selon eux, conforme
aux termes de la Constitution. MM. Léon Bourgeois, Crémieux et
Hubbard, députés, ont été délégués par leurs collègues auprès de M. le
président du Conseil pour protester contre la décision de M. Challemel-
Lacour. M. Ch. Dupuy leur a répondu que M. le président de l'Assemblée
nationale avait agi dans la plénitude de son droit. M. Challemel-Lacour,
du reste, dans le discours qu'il a prononcé le 25 juin au Sénat, au sujet
de la mort de M. Carnot, a ainsi expliqué sa décision :
« Si cette date a été choisie, c'est dans la pensée que, malgré l'expression *immédiatement* qui figure dans les lois constitutionnelles, un acte
aussi important que l'élection du premier magistrat de la République ne
devait avoir à aucun degré l'apparence d'une improvisation et d'une
surprise. »

M. Carnot a succombé cette nuit, à Lyon, aux suites de l'odieux attentat dont il avait été victime à la sortie du palais de la Bourse.

La France, frappée de stupeur à la nouvelle de ce crime abominable, transmet, de toutes parts, au Gouvernement, l'expression de son émotion et de sa douleur.

Elle pleure dans le Président de la République le loyal serviteur, le citoyen intègre qui, pendant sept années, a porté avec honneur et fidélité le drapeau national, et inspiré à l'Europe des sentiments qui nous sont une consolation dans la cruelle épreuve que nous traversons.

La République gardera la mémoire de son Président ; sa sympathie est acquise à la famille qui le pleure et qui, comme lui, est digne de la France.

Le pays tout entier s'associera au mouvement d'indignation que l'attentat de Lyon excite au sein du Gouvernement et de la représentation nationale.

Veuillez agréer, monsieur le Président, les assurances de ma haute considération.

CH. DUPUY.

La Chambre des députés, toujours debout, écoute cette lecture dans un religieux silence. M. Casimir-Perier prononce ensuite un discours qui produit une sensation profonde. Aucun applaudissement, aucun bruit ne se produit, ce silence est des plus imposants. La Chambre des députés lève ensuite sa séance en signe de deuil au milieu de la plus profonde émotion. Au Sénat, M. Challemel-Lacour donne également lecture de la lettre de M. Ch. Dupuy, puis il prononce un discours émouvant souligné par des applaudissements. Le Sénat lève ensuite sa séance en signe de deuil.

Les différents groupes du Sénat et de la Chambre des députés se réunissent ensuite pour examiner la question de la candidature de la Présidence de la République. Ils décident d'un commun accord de convoquer tous les membres du Parlement en une réunion plénière qui se tiendra le lendemain à 5 heures du soir dans la grande salle de la nouvelle bibliothèque du Sénat.

Aussitôt arrivée à Lyon-Vaise [1], Mᵐᵉ Carnot se transporte

---

1. La foule attendait Mᵐᵉ Carnot à la gare de Perrache ; et c'est pour lui éviter de trop fortes émotions qu'on l'a fait descendre à la gare de Vaise.

à l'hôtel de la Préfecture. Là, il s'est produit une scène d'une douleur inexprimable, quand Mme Carnot a pénétré dans la chambre mortuaire. Le général Borius a été obligé de la soutenir. Elle avait les yeux hagards et sans larmes, mais des soubresauts la secouaient tout entière, pendant qu'elle approchait du lit où reposait le corps de son mari.

Les fils pleuraient à chaudes larmes.

A 5 heures et demie du soir, Mgr Couillié, archevêque de Lyon, assisté de ses vicaires généraux, vient donner l'absoute dans la chambre mortuaire. Le corps est ensuite transporté sur le corbillard (une prolonge d'artillerie attelée de quatre chevaux) en présence de M. Rivaud, préfet du Rhône, entouré des généraux et de toutes les autorités qui se tiennent devant la porte d'honneur de la Préfecture. Le corps du Président, suivi de ses trois fils, de son gendre et du cortège où figurent de nombreuses couronnes, est conduit à travers une foule triste et recueillie jusqu'à la gare de Perrache, pendant que le canon tonne sur les hauteurs de la colline de Fourvières. Sur tout le parcours, les magasins sont fermés et portent cette inscription : *Deuil national.* Le char funèbre s'arrête à l'entrée du salon où a eu lieu samedi dernier la réception de M. Carnot. Le cercueil est porté dans le train qui part de Lyon à 7 h. 30 du soir et arrive à Paris le lendemain 26 à 3 h. 10 du matin. Il est aussitôt transporté à l'Élysée. Mme Carnot, accompagnée de ses trois fils, a suivi le cercueil de son mari.

A Lyon, le 25 juin au soir, aussitôt après le départ du corps de M. Carnot, la foule, jusque-là contenue par une douleur poignante, crie : *Vengeons Carnot ! A bas les assassins !* Alors commencent des scènes épouvantables de désordre et de pillage. La foule exaspérée met à sac et brûle toutes les boutiques, les cafés et les magasins italiens. La police est impuissante à l'arrêter. C'est à la Guillotière, à la Croix-Rousse et à Vaise qu'il se commet le plus d'exactions. Les manifestants entrent dans une boutique, en jettent tous les objets par les fenêtres dans la rue, puis y mettent le feu. Les troubles continuent le 26 juin. Il se produit de nouvelles scènes de violence; le pillage et les incendies continuent. Le consulat d'Italie est gardé militairement. A Vaise, à Saint-

Clair, des désordres très graves se produisent. Des maisons
entières sont incendiées. Dans les décombres, on retrouve
des habitants brûlés vifs. Le lendemain, grâce à l'énergie
déployée par la police, tous les manifestants sont arrêtés et
conduits au poste ; l'émeute prend fin, et la tranquillité est
complètement rétablie. On évalue à 1.500 le chiffre des arrestations.

A Paris, la consternation et une profonde tristesse sont
peintes sur tous les visages. De nombreux drapeaux trico-
lores apparaissent aux fenêtres, cravatés de crêpe. Le 25 juin,
le Conseil municipal de Paris et le Conseil général de la
Seine se réunissent d'urgence à l'Hôtel de Ville, pour voter
des adresses de condoléances à Mᵐᵉ Carnot et à M. Ch. Dupuy,
qui reçoivent des télégrammes de condoléances de tous les
points de la France, ainsi que des souverains et gouvernements du monde entier. Le *Journal officiel* du 26 juin, encadré de noir, publie les notes suivantes :

La nouvelle de la mort de M. le Président de la République a
causé, sur tous les points du territoire, la plus vive et la plus douloureuse émotion. Depuis hier matin les télégrammes se succèdent
sans interruption au ministère de l'Intérieur, apportant à M. le
président du Conseil les sentiments de réprobation unanime pour
l'attentat et de respectueuse affliction pour Mᵐᵉ Carnot et sa famille.

Les gouvernements étrangers ont témoigné, soit par des télégrammes adressés à Mᵐᵉ Carnot, à M. le président du Conseil
ou à M. le ministre des Affaires étrangères, soit par des démarches
personnelles ou officielles de leurs représentants à Paris, les sentiments de profonde condoléance qu'ils ont éprouvés à la nouvelle de
la mort de M. le Président de la République [1].

D'autre part la dépêche suivante a été adressée directement à Mᵐᵉ Carnot par l'empereur d'Allemagne :

Kiel.

Madame Carnot, Paris.

L'impératrice et moi sommes profondément frappés de l'horrible
nouvelle qui nous arrive de Lyon. Soyez persuadée, Madame, que

[1]. Toutes ces lettres et dépêches ont été insérées dans le *Journal officiel*
des 27, 29, 30 juin et jours suivants (partie officielle et partie non officielle).

toute notre sympathie et tous nos sentiments sont en ce moment avec vous et avec votre famille.

Que Dieu vous donne les forces pour supporter ce coup terrible.

Digne de son grand nom, M. Carnot est mort comme un soldat sur le champ de bataille.

GUILLAUME I. R.

La réunion plénière des membres républicains de la Chambre des députés et des membres de la gauche démocratique du Sénat annoncée la veille, a lieu le 26 juin dans la salle de la nouvelle bibliothèque du Sénat[1], à 5 heures du soir. Cette réunion, présidée par M. de Verninac, sénateur du Lot, président de la gauche démocratique du Sénat, a été des plus orageuses et tumultueuses. La gauche radicale propose d'examiner les candidatures ; les « gouvernementaux » protestent et demandent qu'on vote purement et simplement ; en même temps, ils font circuler les urnes. Les radicaux s'y opposent ; l'un d'eux bouche l'orifice d'une urne avec du papier. Alors M. Sauzet monte sur la table, et la parcourant avec force gestes, renverse, brise et répand tous les encriers sur son passage. Le tumulte est à son comble. M. de Verninac déclare alors la séance levée. Cette réunion, ainsi qu'une nouvelle qui s'était reformée, prennent fin sans qu'il soit pris aucune décision.

Le Conseil des ministres réuni le même jour, 26 juin, au ministère de l'Intérieur, sous la présidence de M. Ch. Dupuy, fixe au dimanche 1er juillet les funérailles de M. Carnot. La cérémonie religieuse aura lieu à l'église Notre-Dame et l'inhumation au Panthéon. Un projet de loi sera déposé dans ce sens devant les Chambres [2].

M. Casimir-Perier est élu Président de la République (27 juin 1894).

Le 27 juin au matin, deux réunions des partis extrêmes du Parlement ont lieu à Versailles. Les radicaux et les socialistes, réunis au théâtre des Variétés, acclament la candidature de M. Henri Brisson. Les membres de la droite décident de voter pour un candidat spécial que l'on a su plus

1. La grande salle de l'ancien musée du Luxembourg.
2. Voy. plus loin, page 102.

tard être le général Février, grand chancelier de la Légion
d'honneur.

A 1 heure, tous les députés et les sénateurs se réunissent
dans la grande salle de la Chambre des députés à Versailles.
A 1 h. 10, M. Challemel-Lacour, président de l'Assemblée nationale, ayant à ses côtés MM. Albert Sorel et
Eugène Pierre, secrétaires généraux de la présidence du
Sénat et de la Chambre des députés, monte au fauteuil. Une
grande partie de l'Assemblée se lève. Les secrétaires du
Sénat prennent place au bureau. La salle est comble. Les
galeries sont bondées. La tribune diplomatique est au grand
complet.

M. le Président prend la parole et s'exprime ainsi :

Messieurs, vous connaissez tous l'événement douloureux qui a
provoqué la réunion du Congrès, événement qui plonge la France
dans le deuil et qui émeut sans exception tous les gouvernements
étrangers.

M. le Président donne ensuite lecture des dispositions
constitutionnelles en vertu desquelles l'Assemblée nationale est constituée pour procéder à l'élection du Président de
la République. Au moment où il est procédé au tirage au
sort des scrutateurs, M. Dejeante demande la parole pour
proposer la suppression de la présidence de la République.

M. Michelin demande aussi la parole qui lui est refusée.

Huissiers, ordonne M. le Président, continuez d'appeler les noms
des scrutateurs.

Je proteste ! s'écrie M. Michelin. Vous n'avez pas le droit de
nous refuser la parole. Le Congrès est souverain ! Vous êtes des
usurpateurs ! (*Applaudissements à l'extrême gauche. Protestations
et bruit prolongé au centre et à gauche.*)

M. Toussaint *et plusieurs membres à l'extrême gauche*. A bas
la dictature ! — Pas de présidence !

Le scrutin à la tribune par appel nominal est ouvert à
1 h. 20. L'appel et le réappel ont lieu[1].

M. de Baudry d'Asson. — J'ai demandé la parole pour
proposer des modifications importantes aux lois constitutionnelles
de 1875, et je tiens à constater qu'elle m'a été refusée.

1. M. Casimir-Perier n'a pas pris part au scrutin.

Le scrutin est clos, les scrutateurs se retirent pour procéder au dépouillement des votes. — La séance, suspendue à 3 heures 20, est reprise à 4 heures 1/4. — A l'entrée du bureau, la gauche et le centre de l'assemblée se lèvent.

Voix nombreuses à l'extrême gauche. Assis! assis! — A genoux! (*Exclamations et rires.*)

M. le président. — Voici, messieurs, le résultat du dépouillement du scrutin pour l'élection du Président de la République :

Nombre des votants...........　851
Bulletins blancs ou nuls.......　6
　　Suffrages exprimés..　843
　　Majorité absolue....　423
　　Ont obtenu :

M. Casimir-Perier...........................　431 suffrages.
(*Vifs applaudissements et acclamations prolongées à gauche et au centre. — Agitation et cris à l'extrême gauche.*)
Plusieurs membres à l'extrême gauche. — A bas la réaction et les réactionnaires!

M. le président.

MM. Brisson...............................　195 suffrages.
　　Dupuy..............................　97　—
　　Le général Février...................　53　—
　　Arago..............................　27　—
　　Voix diverses........................　22　—

(*Nouveaux applaudissements et acclamations prolongées à gauche et au centre. — Bruyantes protestations à l'extrême gauche.*)

M. le président. — M. Casimir-Perier ayant obtenu la majorité absolue des suffrages, je le proclame Président de la République française pour sept années. (*Nouvelles acclamations. — La gauche et le centre se lèvent et redoublent leurs applaudissements.*)

M. Lavy. — C'est l'élu de la monarchie!

M. Faberot. — Vive la République sociale!

M. Rouanet. — A bas la réaction! (*Vives protestations au centre et à gauche. — Applaudissements à l'extrême gauche.*)

M. le président. — Conformément à l'article 7 de la loi constitutionnelle du 25 février 1875, le conseil des ministres fera part à M. Casimir-Perier de la décision de l'Assemblée nationale.

M. Jules Godin, *l'un des secrétaires,* donne lecture du procès-verbal.

M. Dejeante demande la parole sur le procès-verbal.

Citoyens, s'écrie-t-il (*Exclamations et rires au centre*. — *Applaudissements à l'extrême gauche*), je tiens à protester à la tribune contre le refus qui m'a été opposé relativement à ma proposition pour l'abolition de la présidence de la République. (*Nouveaux applaudissements à l'extrême gauche*. — *Bruit*.)

M. Avez, à son tour, proteste contre ce refus.

Devant le résultat obtenu, dit-il, devant les chiffres énoncés, nous tenons à déclarer ici que vous avez pu triompher par une coalition réactionnaire... (*Protestations à gauche et cris : La clôture!* — *Applaudissements à l'extrême gauche*) .... mais que la Révolution triomphera un jour, au nom du peuple et du travail. (*Très bien! très bien! et applaudissements sur les mêmes bancs*.)

La parole est à M. Michelin :

Messieurs, dit-il, je m'étonne que, dans une Assemblée qui se prétend souveraine, on m'ait empêché tout à l'heure de déposer une proposition tendant à la revision de la Constitution et à la convocation d'une Assemblée constituante. (*Vives protestations au centre et à gauche*.)

Je répète du haut de cette tribune ce que j'ai dit de ma place : « Vous êtes des usurpateurs de la souveraineté nationale. » (*Nouvelles protestations sur les mêmes bancs*.)

Vous voulez imposer vos volontés au peuple sans le consulter. (*Applaudissements à l'extrême gauche*. — *Bruit croissant au centre*.)

Vous prétendez être les maîtres, alors que le maître c'est le peuple. Nous saurons vous le rappeler un jour ou l'autre. (*Rumeurs au centre*. — *Applaudissements à l'extrême gauche*.)

M. le vicomte d'Hugues, lui aussi, se plaint que la parole lui ait été refusée pour déposer une proposition de loi concernant la revision de la Constitution.

Personne ne demandant plus la parole, M. le Président déclare le procès-verbal adopté et la séance levée. Des applaudissements prolongés saluent cette fin de séance. L'Assemblée nationale se sépare à 4 heures et demie aux cris de *Vive la République!*

Le *Journal officiel* du 28 juin publie, dans sa partie officielle, les documents suivants sur l'élection du Président de la République, la transmission du pouvoir exécutif et la démission des ministres :

7

Paris, 27 juin 1894.

Le Sénat et la Chambre des députés se sont réunis aujourd'hui, à 1 heure, à Versailles, en Assemblée nationale, à l'effet de procéder à l'élection du Président de la République, en remplacement de M. Carnot, décédé à Lyon le 25 juin.

M. Casimir-Perier a été élu Président de la République par 451 voix sur 845 suffrages exprimés.

Après la proclamation du résultat de l'élection et la clôture de la séance du Congrès, le président et le bureau de l'Assemblée nationale, ainsi que le président du Conseil et les ministres, se sont réunis dans le cabinet de M. Challemel-Lacour.

M. Casimir-Perier a été invité à s'y rendre. Le président du Conseil des ministres, prenant des mains du président de l'Assemblée nationale le procès-verbal de la séance, en a donné lecture à M. Casimir-Perier. Il a ajouté :

« Le Conseil des ministres vous remet, avec cet extrait, les droits et prérogatives du pouvoir exécutif dont la Constitution lui avait confié le dépôt; il vous prie d'agréer, avec ses vœux pour la prospérité de votre Présidence, l'assurance de son respectueux dévouement pour votre personne. »

M. Challemel-Lacour a prononcé ensuite l'allocution suivante :

Monsieur le Président de la République,

Le vote qui vient de vous élever à la Présidence de la République honore le Congrès et me rend plus fier de l'avoir présidé. C'est un événement important. La France républicaine, tous ceux qui portent un cœur patriote le ratifieront avec un empressement unanime.

La France a le droit d'y voir la promesse d'un long avenir de sécurité, de prospérité et d'honneur.

Permettez-moi de vous en adresser mes félicitations les plus intimes en y joignant l'expression de ma satisfaction de citoyen. Cette satisfaction est profonde. Elle est grande ; car elle égale en moi, et je ne saurais rien dire de plus, la joie de l'ami.

M. Casimir-Perier a répondu en ces termes :

Je ne puis maîtriser l'émotion que j'éprouve.

L'Assemblée nationale me décerne le plus grand honneur qu'un citoyen puisse recevoir ; elle m'impose les plus lourdes responsabilités morales qu'un homme puisse porter. Je donnerai à mon pays tout ce qu'il y a en moi d'énergie et de patriotisme ; je donnerai à la République toute l'ardeur de convictions qui n'ont jamais varié ; je donnerai à la démocratie tout mon dévouement et tout mon cœur.

Comme celui qui n'est plus et que nous pleurons respectueusement, je chercherai à faire mon avoir, tout mon devoir.

Après cette cérémonie de la transmission des pouvoirs, M. Casimir-Perier a reçu les félicitations des sénateurs et des députés.

Les membres de la presse ont été admis également à lui présenter leurs hommages. M. Casimir-Perier leur a adressé ces paroles :

Messieurs, je n'ai qu'un mot à vous dire : Je vous appartiens, discutez-moi ; mais n'oubliez jamais ni la France ni la République.

Le Président de la République, accompagné de M. Charles Dupuy, président du Conseil, et des deux colonels commandants militaires du Sénat et de la Chambre des députés, a quitté Versailles à 5 heures et demie. Il s'est rendu à Paris en voiture par Sèvres, le Bois de Boulogne et l'avenue des Champs-Élysées.

Il a été acclamé sur tout le parcours.

En raison du deuil du palais de l'Elysée, il s'est installé provisoirement au ministère des Affaires étrangères, où il est arrivé à 7 heures 20 minutes.

Il était accompagné par le président du Conseil et par les ministres. Le 27e régiment de dragons lui a fait escorte depuis Versailles jusqu'au pont de Sèvres, et le 1er régiment de cuirassiers depuis le pont de Sèvres jusqu'au quai d'Orsay[1].

Le *Journal officiel* du même jour, 28 juin, publie la note suivante :

A l'occasion de la mort de M. le Président de la République, MM. les ministres de la Guerre et de la Marine, par application de l'article 130 du décret du 4 octobre 1891, sur le service des places, ont prescrit aux officiers des armées de terre et de mer un deuil de trente jours à dater du 25 juin.

Ce deuil sera également porté par MM. les fonctionnaires et agents de tous les services publics, lorsqu'ils seront dans l'exercice de leurs fonctions.

1. *Journal officiel* du 28 juin.

M. Casimir-Perier [1]

Président de la République française

(27 JUIN 1894.)

Démission du deuxième ministère Ch. Dupuy (27 juin 1894).

Conformément aux traditions, M. Ch. Dupuy, président du Conseil, ministre de l'Intérieur et des Cultes, a remis, le soir même du 27 juin, à M. le Président de la République, la démission du Cabinet.

Cette démission a été acceptée.

Les ministres démissionnaires sont chargés de l'expédition des affaires courantes jusqu'à la nomination de leurs successeurs. (*Journal officiel* du 28 juin.)

1. M. Casimir-Perier est né à Paris le 8 novembre 1847. Il est le petit-fils du premier ministre de Louis-Philippe dont la mort, survenue le 16 mai 1832 d'une attaque de choléra, a été considérée comme un deuil national. Un des ancêtres de M. Casimir-Perier, Claude Perier, grand industriel, était possesseur du château de Vizille qu'en 1788 il mit à la disposition des États du Dauphiné, et où ceux-ci devaient voter les résolutions qui furent le prélude de la Révolution française.

Claude Perier laissait deux filles et huit fils qui, sauf un seul, ont figuré tous au Parlement; le plus célèbre est le troisième dont le prénom est devenu partie intégrante du nom de famille de ses descendants. Ce dernier laisse un fils, Auguste Perier, qui, plusieurs fois député, est nommé ministre de l'Intérieur sous le Gouvernement de M. Thiers les 11 octobre 1871 et 18 mai 1873. Auguste Perier meurt le 6 juillet 1876, laissant deux fils dont le plus jeune, Pierre, est mort attaché militaire au Chili, et dont l'aîné est l'élu du 27 juin 1894.

Pendant la guerre franco-allemande, M. Casimir-Perier prend part, en qualité de capitaine des mobiles de l'Aube, le 13 octobre 1870, aux combats livrés pour la défense de Paris, et se bat vaillamment aux côtés du commandant de Dampierre, à Bagneux; porté à l'ordre du jour de l'armée comme « ayant enlevé sa compagnie avec un entrain remarquable », il est, à cette occasion, nommé chevalier de la Légion d'honneur (8 janvier 1871).

Élu en 1873 conseiller général du canton de Nogent-sur-Seine, il est

L'élection de M. Casimir-Perier à la Présidence de la République est accueillie favorablement par la plus grande partie de la presse française et par toute la presse étrangère qui ont porté sur cette élection les appréciations les plus élogieuses.

Le 28 juin, le général Février, grand chancelier de la Légion d'honneur, s'est rendu au Palais-Bourbon, où il a remis officiellement à M. Casimir-Perier, président de la République, les insignes de grand-croix de la Légion d'honneur et le collier de grand maître de l'ordre. (*Journal officiel* du 29 juin.)

A la suite de la démission du ministère Ch. Dupuy, M. Casimir-Perier fait appeler le 28 juin M. Burdeau, député du Rhône, qui, pour raison de santé, décline la mission de former le Cabinet. Le 29 juin, M. Casimir-Perier fait appeler M. Challemel-Lacour, président du Sénat, qui lui indique M. Ch. Dupuy comme le seul homme susceptible de grouper une majorité. M. le Président de la République, dont les sentiments étaient conformes à ceux du président du Sénat, convoque M. Ch. Dupuy et fait appel à son dévouement et à son patriotisme. M. Ch. Dupuy, très touché de la démarche de M. Casimir-Perier, demande quelques heures de réflexion pour consulter ses amis et collaborateurs, et promet d'apporter sa réponse le lendemain matin.

A la séance du 29 juin, M. de Mahy, vice-président, donne

élu sans concurrent en 1876 comme député républicain du département de l'Aube, et depuis lors constamment réélu. Sous-secrétaire d'État au ministère de l'Instruction publique, des Cultes et des Beaux-Arts le 20 décembre 1877 dans le cabinet Dufaure, il donne sa démission de député le 1er février 1883, au moment de la discussion de la loi enlevant aux princes d'Orléans leurs grades dans l'armée, estimant qu'il ne pouvait concilier le respect dû à la mémoire des siens avec l'expression de ses convictions républicaines ; il est réélu le 18 mars suivant à une grande majorité. Nommé sous-secrétaire d'État au ministère de la Guerre le 17 octobre 1883 avec le général Campenon sous le second ministère J. Ferry ; vice-président de la Chambre des députés du 12 janvier 1886 au 11 janvier 1893 ; président de la Chambre des députés du 11 janvier au 5 décembre 1893 ; président du Conseil des ministres du 3 décembre 1893 au 30 mai 1894 ; de nouveau président de la Chambre des députés du 2 au 27 juin 1894. M. Casimir-Perier, marié à une de ses cousines, est père de deux enfants.

lecture à la Chambre des députés de la lettre par laquelle
M. Casimir-Perier donne sa démission de président de la
Chambre des députés. Cette lettre se termine ainsi :

> Je remercie cordialement ceux qui m'ont donné des marques si
> précieuses de leur sympathie.
> L'Assemblée nationale m'a imposé de lourds devoirs. Pour les
> remplir, j'espère pouvoir compter sur la confiance des républi-
> cains ; je ne la trahirai jamais. (*Vifs applaudissements.*)

Le même jour, les présidents des deux Chambres donnent
lecture à leur Assemblée de nombreuses adresses et dépêches
de condoléances envoyées par les Etats et Parlements étrangers. Les deux Chambres décident d'assister en corps aux
obsèques de M. Carnot ; elles votent ensuite à l'unanimité le
projet de loi suivant, déposé par MM. Ch. Dupuy, président
du Conseil, et Poincaré, ministre des Finances, et précédé
d'un exposé des motifs :

> Messieurs, la mort de M. le Président Carnot a provoqué dans
> la France entière un mouvement unanime de douloureuse indigna-
> tion.
> Les pouvoirs publics tiendront à honneur de s'associer au deuil
> du pays et de reconnaître les services éminents rendus à la Répu-
> blique par celui qui n'est plus.
> Nous vous proposons de décider que des funérailles nationales
> seront faites à M. Carnot.

Projet de loi.

Art. 1er. — Des funérailles nationales seront faites à M. Carnot,
Président de la République française.

L'article 2 ouvre à cet effet un crédit extraordinaire de
100.000 francs.

Cette loi du 29 juin est promulguée au *Journal officiel* du
30 juin. Elle est suivie d'un décret [1] dont l'article premier est
ainsi conçu :

Art. 1er. — A la suite des obsèques ordonnées par la loi du
29 juin 1894, le corps de M. Carnot sera déposé au Panthéon.

Le même jour, 29 juin, le Sénat, sur la proposition de son
Bureau, décide de placer un crêpe sur la tribune du Sénat

---

1. Le premier signé de la main de M. Casimir-Perier.

jusqu'à la fin de la session. La même mesure est décidée par la Chambre des députés:

Funérailles nationales de M. Carnot (1er juillet 1894).

L'exposition publique du corps de M. Carnot a eu lieu à l'Élysée les 29 et 30 juin. Pendant ces deux jours, une foule nombreuse, triste et recueillie s'est pressée pour visiter la chapelle ardente. Le corps est veillé par une garde d'honneur composée d'officiers et de soldats de toutes les armes, d'élèves de l'École spéciale militaire et, de l'École polytechnique. Le *Journal officiel* du 30 juin donne l'ordre du cortège des funérailles de M. Carnot qui ont eu lieu le 1er juillet. Celui du 2 juillet, tout encadré de noir, donne dans sa partie officielle, le compte rendu ci-après de ces funérailles :

Paris, 1er juillet 1894.

Aujourd'hui ont eu lieu les funérailles nationales de M. le Président Carnot.

Le cortège s'est formé conformément aux dispositions qui avaient été arrêtées.

Le Président de la République, M. Casimir-Perier[1], les envoyés extraordinaires et les membres du corps diplomatique, le Sénat et la Chambre des députés, le président du Conseil et les ministres, les grands corps de l'Etat, les députations des ministères et des administrations publiques, de l'armée et de la marine, un nombre considérable de délégations de la France et de l'étranger assistaient à la cérémonie.

Les honneurs militaires étaient rendus par les troupes du gouvernement de Paris, sous les ordres du général Saussier.

Le deuil était conduit par les membres de la famille : MM. Sadi, Ernest et François Carnot, fils de l'ancien Président; M. Cunisset-Carnot, son gendre; M. Adolphe Carnot, son frère, et M. Siméon Carnot, son cousin.

Le service religieux a été célébré à Notre-Dame, et, en exécution du décret du 29 juin, le corps de M. Carnot a été solennellement conduit au Panthéon.

Après le défilé des troupes devant le cercueil, le Président de la

1. M. Casimir-Perier, Président de la République, a suivi le cortège à pied, tête nue, par un soleil ardent, de l'Élysée à l'église Notre-Dame et au Panthéon.

République, le président du Conseil et les ministres ont pris congé de la famille.

Le corps a été ensuite descendu dans les caveaux du Panthéon. Assistaient à cette cérémonie la famille seule et le ministre des Travaux publics, représentant le Gouvernement.

Les funérailles du Président Carnot ont eu un caractère grandiose d'ordre et de recueillement, digne à la fois de la population de Paris et du citoyen illustre auquel elle rendait un suprême hommage.

Le *Journal officiel* donnera demain la liste des délégations.

La levée du corps a lieu à 10 heures, à l'Elysée, en présence du Président de la République, des présidents des deux Chambres et des ministres. La cérémonie a duré jusqu'à 6 heures du soir. Le char funèbre, traîné par six chevaux entièrement caparaçonnés et tenus en main par six valets de pied, est celui qui a servi aux obsèques de M. Thiers et du maréchal de Mac-Mahon.

Toutes les troupes du gouvernement de Paris escortent le convoi funèbre sous les ordres du général Saussier.

Sur tout le parcours du cortège, les réverbères sont allumés et voilés de crêpe. Les cloches de l'église Notre-Dame sonnent à toute volée ; le bourdon tinte le glas funèbre ; à l'intérieur, l'église est superbement tendue de noir et éclairée par des milliers de cierges. Le catafalque, entouré de lampadaires, s'élève à 12 mètres de hauteur. M. Casimir-Perier se tient seul dans l'hémicycle. Mgr Richard, cardinal-archevêque de Paris, préside la cérémonie, revêtu des ornements pontificaux. Il prononce une magnifique oraison funèbre. Puis entouré de tout son clergé, il donne l'absoute et accompagne le corps jusqu'aux portes de la cathédrale.

Le cortège, qui s'étend sur une longueur considérable, comprend d'innombrables couronnes portées par des délégations de tous les corps constitués, de toutes les sociétés et corporations possibles. Parmi les couronnes, on remarque surtout celle de l'empereur de Russie, qui est immense et fort riche, celles de l'empereur d'Allemagne, du roi d'Italie, de la reine d'Angleterre, de l'empereur d'Autriche, celle de M. Casimir-Perier, président de la République, celles auss

Pierre Petit, photogr.

M. CASIMIR-PERIER

PRÉSIDENT DE LA RÉPUBLIQUE FRANÇAISE

du Sénat, de la Chambre des députés et de l'Ecole polytechnique [1].

Le char funèbre arrive au Panthéon dont la façade est
complètement tendue de noir.

Des discours sont prononcés par M. Challemel-Lacour, président du Sénat ; par M. de Mahy, vice-président de la Chambre des députés ; par M. le président du Conseil des ministres
et par M. le général André, commandant de l'Ecole polytechnique [2].

Celui de M. Ch. Dupuy, président du Conseil des ministres, est particulièrement remarquable. Il mérite d'être cité en
entier, parce qu'il dépeint bien le caractère et la carrière de
M. Carnot ; en voici le texte :

Messieurs, le président Carnot, dans son message aux Chambres,
au lendemain de son élection, leur disait : « Tout ce que j'ai de
force et de dévouement appartient à mon pays. »

Il a tenu plus que sa promesse ; il a donné à son pays sa vie
même ; car c'est pour la France et pour la République qu'il est
mort ; c'est bien le chef d'Etat que l'assassin a frappé, exerçant
contre le défenseur des lois et le gardien de la Constitution la vin-
dicte sauvage d'une secte que toutes les patries rejettent et que le
concert des peuples saura rendre impuissante.

Le président Carnot est tombé dans l'exercice de ses fonctions
comme un soldat au champ d'honneur. Il sortait d'une réunion où
sa parole cordiale avait charmé tous les esprits, où son appel à la
concorde avait pénétré et ému tous les cœurs.

Déjà il entrevoyait l'heure du repos, l'heure où il pourrait appar-
tenir tout entier à son admirable compagne, à ses enfants auxquels
il laisse de grands exemples et de grands devoirs, et goûter parmi
eux cette intimité familiale qui est le premier bien et la suprême
joie d'un honnête homme.

Quoi qu'on ait pu dire, il ne songeait nullement à solliciter le
renouvellement de son mandat.

Il estimait que si la lettre de la Constitution permet la réélection,
l'esprit des institutions la défend.

1. Il y avait un total de 800 délégations et 4.000 couronnes. Le *Journal officiel* publie pendant plusieurs jours (du 4 au 24 juillet) la liste des
délégations qui, en dehors du cortège officiel, ont assisté, munies d'une
couronne, aux funérailles de M. Carnot. Il publie également les adresses
des municipalités de toute la France.

2. Le *Journal officiel* du 2 juillet donne le texte de ces discours ainsi
que celui de Mgr le cardinal-archevêque de Paris.

Plus d'une fois, dans des moments difficiles, alors que la question présidentielle paraissait peser sur la situation générale, il avait été tenté de déclarer publiquement ses intentions. Il fut toujours retenu par la crainte, s'il parlait avant le terme légal de son mandat, de diminuer la fonction qu'il exerçait, et de ne pas la maintenir intacte et incontestée jusqu'à la dernière heure devant la France et devant l'Europe.

Il avait du rôle du Président de la République une conception très haute. Il pensait que la France ne saurait être représentée avec trop de dignité et de correction, et sans se départir jamais de cette simplicité républicaine qui était comme instinctive chez lui, il a su donner à la magistrature suprême une tenue, une attitude, une valeur représentative qui répondent et au sentiment et à l'intérêt national. Il avait ainsi inspiré à tous, au dedans et au dehors, pour sa fonction et pour sa personne, la sympathie et le respect.

Ces sentiments éclatent dans l'unanime douleur de la France, qui, par tous ses organes, par tous ses représentants, depuis la plus petite commune jusqu'au Parlement, a exprimé son horreur pour l'attentat et son affection pour la victime.

Ils éclatent dans ces télégrammes des souverains, dans ces adresses et ces manifestations des Parlements étrangers, dans ces délégations des gouvernements et des peuples, dans ces milliers de couronnes qui symbolisent tant de regrets, de sympathies et d'admiration. Les chefs d'État, les assemblées, les personnalités illustres, célèbrent à l'envi dans ce grand mort l'homme intègre, le citoyen exemplaire, le magistrat loyal et par-dessus tout l'ami de la concorde et de la paix entre les nations. Si de tous les points du globe, si des peuples petits ou grands, si des rives les plus lointaines monte vers lui l'hommage unanime dont nous avons entendu depuis huit jours les émouvantes expressions, c'est que le Président Carnot a consacré toutes ses facultés et tous ses efforts à cette œuvre de la paix.

Dans ses voyages, qui ont tant contribué à imprimer dans les cœurs l'amour de la République ; à la suite des grandes revues annuelles où il prenait contact avec l'armée nationale ; dans les cérémonies publiques où il avait à répondre aux adresses les plus diverses, partout, toujours, il s'est montré l'ami convaincu, le partisan éclairé de la paix.

A Toulon, au terme des fêtes qui nous ont laissé de si vivants souvenirs, après avoir rappelé solennellement les émotions de cette inoubliable période de fraternité entre deux grands peuples, il provoqua les applaudissements du plus généreux auditoire en célébrant dans ces manifestations le gage le plus sûr de la paix du monde.

Aussi peut-on dire que dans ce Panthéon où il va reposer à côté de l'Organisateur de la victoire, la mort enveloppera d'une même ombre majestueuse et sereine, voisins l'un de l'autre, sortis du même sang, protégés par le même nom deux fois cher à la Patrie, le génie de la guerre et le génie de la paix.

La République portera souvent ses regards reconnaissants vers cette colline, asile suprême des grands citoyens. Elle n'oubliera jamais ce qu'elle doit au Président Carnot. Elle célébrera sa foi invincible dans la liberté et dans la justice et son impassible courage aux jours où les institutions menacées ne durent leur salut qu'à la concorde des républicains, et où l'on peut dire que l'exemple du Président avait appris à tous à ne point désespérer, en dépit de l'orage. Elle témoignera devant l'histoire qu'il a voulu réunir tous les Français dans l'amour d'une République tolérante et sage, progressive et libre, et qu'il a contribué à la faire assez forte pour que sa mort ne l'ait point ébranlée.

Il avait l'âme ouverte aux questions les plus pressantes de ce temps; il avait une particulière sollicitude pour les humbles et les faibles, pour les laborieux et les souffrants.

Il avait hérité quelque chose de cette disposition humanitaire si touchante de la République de 1848 dont son père, saint-simonien plutôt corrigé que repenti, fut un des ministres les plus utiles. Le nombre des œuvres d'assistance sociale ou de bienfaisance individuelle auxquelles il donnait son concours est considérable. On le connaissait, et c'est peut-être la notoriété qui lui parut la plus enviable, dans tous les milieux où l'on peine, où l'on travaille, où l'on souffre. De là cette popularité qui chaque jour gagnait en étendue et en profondeur, popularité que seule la bonté fait naître et que seule la bonté maintient. De là ces démonstrations d'affection et de douleur dont le spectacle se déploie depuis huit jours en ces longues théories de visiteurs de tout rang et de toutes conditions, amis inconnus qui se succèdent par milliers au palais de l'Élysée, le cœur plein de regrets et les yeux pleins de larmes.

Cher Président, nous vous disons un suprême adieu, votre mémoire ne périra point. La France a senti quelle perte elle a faite; elle vous sera toujours reconnaissante de l'avoir servie avec fidélité, de l'avoir représentée avec honneur; elle vous remerciera toujours d'avoir, par vos conseils et par vos exemples, préparé l'union de tous ses fils dans un commun amour de la République et de la Patrie.

Vous disiez souvent que la première condition pour bien servir la République, c'était de ne jamais perdre de vue la France.

Nous retiendrons cette maxime, et nous nous appliquerons à la voir toujours, comme vous la voyiez vous-même, dans sa grandeur et dans sa force, dans ses espérances, supérieures aux inévitables tristesses d'une noble destinée, dans son passé plein de gloire, dans son avenir plein de promesses.

Le Gouvernement de la République incline sur votre cercueil le drapeau voilé de deuil. Agréez ce suprême hommage d'une profonde gratitude et d'une douleur sincère.

Après les discours a lieu, devant le corps exposé, le défilé des troupes.

Le jour même des obsèques de M. Carnot, l'empereur d'Allemagne, S. M. Guillaume II, en signe de respect pour la mémoire du Président Carnot, comme en témoignage de sa sympathie pour le nouveau Président de la République et pour le Gouvernement français, a donné l'ordre de rendre à la liberté les deux officiers français détenus à Glatz [1].

M. le comte de Münster, ambassadeur d'Allemagne à Paris, a annoncé cette heureuse nouvelle à M. Ch. Dupuy, président du Conseil des ministres, ainsi qu'à M. Casimir-Perier, avant la levée du corps du président Carnot.

Le *Journal officiel* du 3 juillet donne la liste des ambassadeurs, ministres et envoyés extraordinaires chargés spécialement par leurs souverains ou gouvernements de les représenter aux funérailles de M. Carnot, ainsi que le détail des services funèbres qui ont été célébrés à l'étranger pour le repos de l'âme de M. Carnot.

Troisième ministère Ch. Dupuy (1er juillet 1894).

Le 30 juin, ainsi qu'il l'avait promis, M. Ch. Dupuy donne sa réponse à M. Casimir-Perier. Après avoir reçu l'adhésion unanime des membres du Cabinet démissionnaire, qui s'étaient réunis le matin même au ministère de l'intérieur, il accepte la mission de former le Cabinet. Les décrets donnant aux ministres démissionnaires une nouvelle investiture sont signés le 1er juillet par M. Casimir-Perier et publiés au *Journal officiel* du 2 juillet.

La composition de ce Cabinet est exactement la même que celle du 30 mai précédent [2].

1. Ce sont MM. Degouy et Delguey-Malavas, lieutenants de vaisseau, qui tout récemment avaient été condamnés pour espionnage, par la cour de Leipzig, le premier à 6 ans et le second à 4 ans de prison.

2. Voy. *suprà*, page 74 (*suppl. à la 1re partie*).

Présid. du Conseil Intérieur et Cultes. Ch. Dupuy, député.
Justice. Eugène Guérin, sénateur.
Affaires étrangères. Gabriel Hanotaux, ancien député, ancien ministre plénipotentiaire.
Finances. R. Poincaré, député.
Instruction publique et Beaux-arts. Georges Leygues, député.

Guerre. Général Auguste Mercier.
Marine. Félix Faure, député.
Travaux publics. Louis Barthou, député.
Commerce, Industrie, Postes et Télégraphes. Victor Lourties, sénateur.
Agriculture. Viger, député.
Colonies. Delcassé, député.

Intérims.

Intérieur : M. Guérin, ministre de la Justice (décret du 4 août 1894) [1].
Justice : M. Poincaré, ministre des Finances (décret du 8 sept. 1894) [2].

Message de M. Casimir-Perier (3 juillet 1894).

Le 3 juillet, les deux Chambres reçoivent communication du message de M. Casimir-Perier. Ce message, qui a été lu au Sénat par M. Eug. Guérin, garde des sceaux, et, à la Chambre des députés, par M. Ch. Dupuy, président du Conseil, est ainsi conçu :

Messieurs les Sénateurs,
Messieurs les Députés,

Appelé par l'Assemblée nationale à la première magistrature du pays, je ne suis pas l'homme d'un parti : j'appartiens à la France et à la République. (*Applaudissements.*)

Un crime odieux, que la conscience nationale flétrit, a enlevé à la patrie le citoyen intègre qui fut pendant sept années le gardien vigilant de nos institutions.

Puisse le souvenir de ce héros du devoir m'inspirer et me conduire ! (*Vifs applaudissements.*)

Le poids des responsabilités est trop lourd pour que j'ose parler de ma reconnaissance.

J'aime trop ardemment mon pays pour être heureux le jour où je deviens son chef. Qu'il me soit donné de trouver dans ma raison et dans mon cœur la force nécessaire pour servir dignement la France ! (*Nouveaux applaudissements.*)

1. En remplacement de M. Ch. Dupuy, en congé pour raison de santé.
2. En remplacement de M. Guérin, en congé.

L'acte de l'Assemblée nationale. assurant en quelques heures
la transmission régulière du pouvoir, a été aux yeux du monde
une consécration nouvelle des institutions républicaines. (*Très
bien! très bien!*) Paris, que le Gouvernement de la République
remercie, a fait avant-hier une admirable démonstration de gratitude et de respect. Un pays qui, au milieu de si cruelles épreuves,
se montre capable de tant de discipline morale et de tant de viri-
lité politique, saura unir ces deux forces sociales sans lesquelles
les peuples périssent : la liberté et un gouvernement. (*Vifs
applaudissements.*)

Résolu à développer les mœurs nécessaires à une démocratie
républicaine, c'est en d'autres mains que j'ai le ferme dessein de
remettre dans sept ans les destinées de la France. (*Applaudissements.*) Aussi longtemps qu'elles me seront confiées, respectueux
de la volonté nationale et pénétré du sentiment de ma responsabilité, j'aurai le devoir de ne laisser ni méconnaître ni prescrire
les droits que la Constitution me confère. (*Nouveaux applaudissements.*)

. . . .

Le Parlement saura prouver que la République, loin d'être la
rivalité stérile des ambitions individuelles, est la recherche per-
manente du mieux matériel et moral; elle est l'expansion nationale
des pensées fécondes et des nobles passions; elle est, par essence,
le Gouvernement qui s'émeut des souffrances imméritées, et dont
l'honneur est de ne jamais décevoir ceux auxquels elle doit autre
chose que des espérances. (*Vifs applaudissements.*)

C'est à servir ces idées que le Gouvernement vous convie. Le
cœur de la France les a inspirées à ses représentants. Pour en
préparer le triomphe, unissons nos efforts.

Le passé donne des enseignements, mais c'est vers l'avenir
que la France tourne ses regards : comprendre son temps, croire
au progrès et le vouloir, c'est assurer l'ordre public et la paix
sociale.

Ce message est accueilli au Sénat et à la Chambre des députés par une double salve d'applaudissements et par des
acclamations prolongées.

A la Chambre des députés, après la lecture de ce message,
M. Vaillant, député socialiste de la Seine, monte à la tribune,
un papier à la main.

On se demande, dit-il, quel est le sens de l'élection à la présidence de M. Casimir-Perier. (*A l'ordre ! à l'ordre ! — Bruit pro-*

longé.) La réaction célèbre cette élection comme la restauration du pouvoir personnel et la fin du régime parlementaire républicain. Il vous appartient de rassurer l'opinion publique.

A l'exception de l'extrême gauche et des quelques socialistes qui siègent à l'extrémité droite, toute la Chambre proteste. Le roulement des pupitres du centre couvre la voix de l'orateur qui continue à parler au milieu de l'orage.

Enfin, M. Vaillant descend de la tribune, poursuivi par les huées du centre, et M. Charles Dupuy, président du Conseil, lui succède. Au milieu des protestations bruyantes de l'extrême gauche et des vifs applaudissements de la gauche et du centre, il déclare que, dans la circonstance présente, le Gouvernement est seul responsable. Un tumulte effroyable se produit. Cette fois c'est l'extrême gauche qui frappe sur les pupitres. M. Charles Dupuy est obligé de descendre de la tribune sans pouvoir placer un mot de plus. Un silence relatif se produit. M. de Mahy, qui préside, en profite pour donner lecture du projet de résolution de M. Vaillant qui est ainsi conçu :

Une commission de trente-trois membres sera élue jeudi dans les bureaux, à l'effet de présenter à la Chambre, dès samedi 7 juillet, un projet de réponse au message du Président de la République.
— C'est une injure à M. le Président de la République, s'écrie M. Georges Berry.

Le tumulte reprend de plus belle. M. Chaudey demande la question préalable. Le centre et la gauche appuient cette demande.

M. Ch. Dupuy remonte à la tribune pour faire connaître l'avis du Gouvernement.

On vous demande, messieurs, dit-il, de nommer dans les bureaux une commission pour répondre au message de M. le Président de la République.

L'auteur de la proposition n'a sans doute pas aperçu que le message est contresigné par un ministre ; que, par conséquent, c'est la responsabilité ministérielle qui est en jeu, et que, s'il a des explications à demander, c'est au président du Conseil qu'il doit s'adresser.

— Très bien! très bien! crie-t-on au centre et à gauche,
et l'on applaudit longuement M. Ch. Dupuy pendant qu'il
regagne sa place.

M. Millerand monte à la tribune pour parler contre la
question préalable. Il déclare que M. Vaillant n'aurait pas
pensé à présenter cette motion à la Chambre, si ceux qui
ont célébré le succès de la candidature présidentielle ne l'a-
vaient pas présentée comme une restauration.

Ce mot déchaîne de nouveau la tempête, et M. Deschanel
proteste énergiquement.

Le tumulte recommence. M. Millerand termine ainsi :

J'indique simplement qu'il doit être permis à la Chambre,
au moment où l'on restaure la politique personnelle (*Vives récla-
mations*), de lui opposer la politique du suffrage universel. (*Applaudissements à l'extrême gauche. — Protestations au centre et
sur plusieurs bancs à gauche.*)

Finalement la question préalable est adoptée par 450 voix
contre 77. Le centre applaudit; de son côté, l'opposition
proteste bruyamment.

Le 3 juillet, à 4 heures et demie, le Président de la
République a reçu, à l'hôtel de la Présidence, le Corps diplomatique étranger qui venait lui offrir ses félicitations.

Le Président de la République avait à ses côtés M. Hanotaux, ministre des Affaires étrangères, MM. Lafargue et du
Taiguy, composant sa maison civile, et tous les officiers de
sa maison militaire.

Après les salutations d'usage, Mgr Ferrata, nonce apostolique, s'est avancé et a prononcé l'allocution suivante :

Monsieur le Président, le Corps diplomatique n'est resté étranger à aucune des émotions de la crise douloureuse que la France
vient de traverser.

La profonde horreur excitée dans toute la nation par le crime
abominable qui atteignait d'une façon si tragique son premier
magistrat, entouré de l'estime et du respect de tous, s'est accrue,
pour chacun de nous, des sentiments de douleur, dont nos gouvernements n'ont cessé, pendant ces derniers jours, de nous envoyer,
à plusieurs reprises, l'expression émue.

Mais, malgré la stupeur du premier moment, et au milieu même
de son deuil trop légitime, la France a su garder le calme qui con-

vient à une grande nàtion et, par le jeu régulier des institutions qu'elle s'est données, elle vient de faire passer en de dignes mains l'autorité qui survit quand même aux plus odieux attentats.

Au nom de nos souverains et chefs d'État et en notre nom personnel, nous venons donc offrir nos sincères et respectueuses félicitations à l'homme éminent que ses hautes qualités, déjà si appréciées de chacun de nous, viennent de désigner au choix de ses concitoyens.

A ces félicitations, nous joignons de tout cœur, au début de cette grande magistrature, dont vous venez d'être investi, les vœux que nous formons pour vous, Monsieur le Président, et qui s'unissent, dans notre pensée, à ceux que nous formons pour la France.

Puisse ce noble pays voir se développer de plus en plus sous votre sage direction, non seulement cette prospérité d'ordre matériel que le monde admire, mais aussi ces biens d'ordre supérieur, qui sont la plus solide garantie de salut pour les sociétés humaines.

Dans ce but, permettez à celui qui a l'honneur et qui se félicite d'avoir à vous adresser en ce jour la parole, d'appeler les bénédictions divines sur vous, Monsieur le Président, et sur cette généreuse nation française dont les destinées intéressent au plus haut point la cause de la civilisation et de l'humanité.

Le Président de la République a répondu :

Je suis profondément touché des paroles que Votre Excellence vient de m'adresser. Les sympathies dont elle s'est faite l'éloquent interprète trouveront leur écho dans le pays tout entier...

En présence de l'unanime et douloureuse émotion qui a accueilli l'attentat commis sur son chef vénéré et des hommages universellement rendus à une mémoire qui lui restera chère entre toutes, la France a éprouvé la force des sentiments qui l'unissent aux autres nations ; la part que le monde civilisé a prise à son deuil est un adoucissement à sa douleur.

En portant leur choix sur l'un de ceux qui ont eu à diriger la politique extérieure de la France, les représentants du pays ont marqué avec éclat le prix que le Gouvernement de la République attache au maintien des relations amicales, des amitiés précieuses qui sont le plus sûr gage de la paix et du progrès.

Aussi ne puis-je qu'être particulièrement sensible aux vœux du Corps diplomatique.

Ils m'affermissent dans l'espoir que les rapports de mutuelle confiance, inaugurés avec chacun de vous, messieurs, contribueront à me faciliter l'accomplissement de la grande et lourde tâche que vient de m'assigner le suffrage des élus de la nation.

8

Le 5 juillet, M. Burdeau, vice-président, est nommé président de la Chambre des députés, en remplacement de M. Casimir-Perier, par 259 voix contre 157 à M. Henri Brisson. Le même jour, MM. Camille Pelletan et Viviani déposent chacun une demande d'amnistie à laquelle la Chambre des députés refuse l'urgence. Vient ensuite la discussion de l'interpellation de M. Vaillant sur la manifestation des 27 mai et 3 juin au cimetière du Père-Lachaise. Un ordre du jour de M. Vaillant, invitant le Gouvernement à laisser les citoyens de Paris honorer librement les citoyens morts en 1871 pour la République, est repoussé par 470 voix contre 65.

Le 7 juillet, discussion d'une interpellation de MM. Paul Vigné d'Octon, le général Riu et Lacombe sur les mesures que le Gouvernement compte prendre pour assurer l'exploitation des richesses houillères et métallurgiques de l'Aveyron et de l'Hérault, et notamment celles du bassin de Graissessac. La discussion se termine par le vote d'un ordre du jour de MM. Darlan et Hainsselin, approuvant les déclarations du Gouvernement. Cet ordre du jour est adopté par 336 voix contre 141.

Le 9 juillet[1], M. Eugène Guérin, ministre de la justice, dépose à la Chambre des députés un projet de loi tendant à réprimer les menées anarchistes. Ce projet comporte de profondes modifications aux lois des 29 juillet 1881 et 12 décembre 1893 sur la presse. Il augmente la pénalité, supprime la publicité des débats judiciaires, et enlève au jury la connaissance des délits d'excitation au crime et d'apologie pour les remettre au tribunal correctionnel. Le dépôt de ce projet cause à la Chambre des députés la plus vive émotion. Approuvé par les députés gouvernementaux et modérés, il est ardemment et violemment combattu par les progressistes, les radicaux et les socialistes comme portant une véritable atteinte à la liberté individuelle. Le 12 juillet, M. Maurice Lasserre dépose son rapport sur ce projet de loi. La discussion commence le 17 juillet. Orageuse et passionnée, elle occupe quatorze séances et se termine le 26 juillet par l'adoption

---

1. Le même jour, le deuxième conseil de guerre de Paris, présidé par le général Billot, acquitte le général Edon, inculpé du meurtre du lieutenant Schiffmacher à la revue d'inspection du 14 juin dernier au fort de Charenton.

du projet de loi du Gouvernement fortement modifié. Au cours de ce grand débat, de remarquables discours ont été prononcés, entre autres par MM. Pourquery de Boisseriu, Fernand de Ramel, Henri Brisson, Denys Cochin, René Goblet, Jules Guesde, Paul Deschanel, Mgr d'Hulst, MM. Viviani, Millerand (première séance du 21 juillet), Camille Pelletan, Alphonse Humbert, Jaurès (deuxième séance du 25 juillet), Marcel Habert, Maurice Lasserre, rapporteur, et Ch. Dupuy, président du Conseil.

À la deuxième séance du 24 juillet, à la suite d'une intervention de M. Denoix, député de la Dordogne, qui s'élève contre les immunités dont jouit la presse, des protestations et des cris se font entendre dans la tribune de la presse qui est aussitôt évacuée par ordre de M. de Mahy, vice-président.

Le 25 juillet (deuxième séance), M. Jean Jaurès prononce, au milieu du plus profond silence, interrompu seulement par de fréquents et vifs applaudissements, un remarquable discours qui restera célèbre dans les fastes parlementaires, et qui est un fulgurant réquisitoire contre les scandales financiers du Panama. M. Jaurès s'attache à démontrer que les causes de l'anarchie proviennent des exemples de corruption de ces derniers temps venus de haut. En terminant, il dépose l'article additionnel suivant :

Seront considérés comme ayant provoqué aux actes de propagande anarchiste tous les hommes publics, ministres, sénateurs, députés, qui auront trafiqué de leur mandat, touché des pots-de-vin et participé à des affaires financières véreuses, soit en figurant dans les conseils d'administration de sociétés condamnées en justice, soit en prônant lesdites affaires, par la presse ou par la parole, devant une ou plusieurs personnes.

C'est alors que M. Rouvier, qui était visé, intervient dans le débat; il se défend avec une énergie et une conviction qui lui valent les applaudissements et les félicitations du centre. Peu s'en est fallu que l'article additionnel de M. Jaurès ne fût adopté. Il est repoussé par 229 voix contre 223. L'ensemble du projet de loi sur les menées anarchistes est adopté par 269 voix contre 163. Déposé au Sénat le 26 juillet, rapporté par M. Trarieux, discuté le 27 juillet, il est adopté le

même jour par 205 voix contre 34. Il devient la loi du
28 juillet 1894.

Le 31 juillet, M. Casimir-Perier quitte l'Élysée pour aller
passer la belle saison à son château de Pont-sur-Seine (Aube).

Le 1er août, l'empereur du Japon déclare la guerre à l'empereur de Chine, au sujet de la Corée. Le 2 août, Caserio,
l'assassin de M. Carnot, est jugé par la cour d'assises de Lyon ;
le 3, il est condamné à mort, malgré l'habile plaidoirie de son
avocat, Me Dubreuil. Le 16, il est exécuté à Lyon, auprès de
la prison Saint-Paul. En approchant de la guillotine, il s'écrie :
« Courage, camarades! Vive l'anarchie! »

Le jour même de la condamnation de Caserio, 3 août,
M. Cornelius Herz, toujours malade à Bournemouth, est
condamné par défaut, par la 8e chambre correctionnelle de
Paris, à cinq ans de prison et 3.000 francs d'amende, pour
chantage au préjudice du baron Jacques de Reinach et de la
Compagnie universelle du canal de Panama. Le 12 août, fin
du procès des Trente, dans lequel sont jugés les trente anarchistes arrêtés dans les nombreuses perquisitions faites anté-
rieurement, et parmi lesquels figurent Jean Grave, Sébastien
Faure et Fénéon. Trois seulement sur les trente sont condamnés pour vol ; tous les autres sont acquittés par la cour
d'assises de la Seine.

Le 8 septembre, on apprend la mort de M. le comte de Paris
à Stowe-House (Angleterre) survenue après une longue maladie et causée par un cancer à l'estomac. Le prince, à sa
dernière heure, était entouré de tous les membres de la
famille royale. Le même jour, son fils, le duc d'Orléans, est
reconnu par toute la famille comme le chef de la maison de
France. Les obsèques et l'inhumation ont eu lieu le 12 septembre à Weybridge (Angleterre), en attendant le transfert
de la dépouille mortelle à Dreux dans le caveau de la famille
d'Orléans. Le comte d'Haussonville, représentant du comte
de Paris, remet sa démission de ces fonctions entre les mains
du duc d'Orléans.

Le 18 septembre, M. Casimir-Perier, accompagné du général Mercier, ministre de la Guerre, se rend au fort de Vau-
jours pour assister aux manœuvres de forteresse exécutées
sous la direction du général Saussier, gouverneur militaire

de Paris. Le 19 septembre, il se rend à Châteaudun où il passe, le lendemain, la revue des troupes des 4ᵉ et 11ᵉ corps d'armée qui ont effectué des grandes manœuvres dans cette région sous la direction du général de Galliffet, inspecteur d'armée. Il était accompagné du général Berruyer, chef de sa maison militaire, du général Mercier, ministre de la Guerre, et de M. Félix Faure, ministre de la Marine. Le soir, à l'issue du banquet donné à l'hôtel de ville de Châteaudun en son honneur, il prononce un discours où il fait un chaleureux éloge de cette ville pour sa glorieuse défense en 1870. Il termine par ce passage qui mérite d'être cité :

Celui auquel l'Assemblée nationale a confié la garde de nos institutions n'a jamais eu d'ambition que pour son pays. Il ne considère pas seulement la première magistrature de la République comme un suprême honneur, il a conscience de ses devoirs et de sa responsabilité morale.

C'est dans une pensée d'union et de concorde que je fais appel, messieurs, à tous les bons citoyens, à tous ceux qui aiment la France ; je leur demande de nous aider à faire de la République un régime où la passion du bien inspire les paroles et les actes, où les humbles et les déshérités de la fortune aient la première place dans la sollicitude des pouvoirs publics. Je leur demande d'oublier les vieilles luttes et les querelles passées.

Tous ont ici, il y a vingt-quatre ans, combattu serrés autour du même drapeau ; aujourd'hui la République convie tous ses enfants à se donner la main pour une œuvre de paix et de progrès social.

Ce discours que le Président de la République a prononcé d'une voix lente et vibrante a produit une profonde impression sur tout l'auditoire. La péroraison en a été saluée par des salves d'applaudissements qui ont duré quelques minutes et par les cris de : Vive Perier ! Vive la République !

Le jour de la rentrée des Chambres, 23 octobre, le Gouvernement est interpellé par M. Paschal Grousset sur le complot dit des « Six ».

La discussion immédiate est ordonnée. M. Paschal Grousset explique que dans un article publié le 27 juillet dernier, dans l'*Autorité*, après le rejet par la Chambre d'une proposition d'amnistie déposée par M. Paschal Grousset, M. Paul de Cassagnac a affirmé qu'un complot avait été ourdi entre le général Boulanger et le comité des Six. M. de Cassagnac a particulièrement désigné MM. de Mun et de Mackau.

« Le pays, déclare M. Paschal Grousset, s'est ému de ces révélations ; pourquoi les uns ont-ils été déférés à la Haute-Cour et les autres sont-ils en liberté? Pour que le Gouvernement ne poursuive pas, il faut qu'il soit le prisonnier de la droite : c'est Léon XIII qui gouverne la République. »

L'orateur termine en déposant un ordre du jour invitant le Gouvernement soit à ouvrir une instruction contre les Six, soit à déposer une proposition d'amnistie.

M. Ch. Dupuy, président du Conseil, répond que l'affaire en question a été liquidée par le suffrage universel et qu'il n'y a aucune nécessité de la reprendre. En ce qui concerne l'amnistie, « comme le Gouvernement a constaté une recrudescence dans l'injure[1], il s'oppose à toute mesure d'effacement ou de pardon ».

Le centre réclame l'ordre du jour pur et simple qui, accepté par le Gouvernement, est adopté par 315 voix contre 155.

Le 30 octobre, la Chambre des députés discute le cas de M. Mirman, député-soldat. M. Mirman, professeur du cours de Saint-Cyr au lycée de Reims, se présente comme candidat socialiste aux élections législatives de 1893 pour l'arrondissement de Reims. Il est élu député, et son élection est validée par la Chambre des députés le 9 décembre 1893[2]; mais comme il a rompu son engagement décennal, il retombe sous le coup de la loi militaire. A la séance du 16 décembre suivant, M. le général Iung, député du Nord, avait posé une question à ce sujet à M. le général Mercier, ministre de la Guerre. A la séance du 30 octobre 1894, M. Burdeau, président, donne lecture à la Chambre des députés de la lettre suivante qu'il a reçue de M. le général Mercier, ministre de la Guerre :

Paris, le 30 octobre 1894.

Monsieur le Président, conformément aux déclarations que j'ai eu l'honneur de faire à la Chambre dans la séance du 16 dé-

---

1. Allusion aux articles violents et injurieux publiés par M. Henri Rochefort dans l'*Intransigeant*.
2. Jour de l'attentat de Vaillant.

cembre 1893, j'ai le devoir de vous informer qu'un des membres de la Chambre, M. Mirman, devra, en exécution des lois militaires, être à ma disposition le 1er novembre prochain, et sera effectivement incorporé à la date du 16 novembre.

Je vous prie de vouloir bien porter cette communication à la connaissance de la Chambre.

Cette lettre suscite de violentes récriminations à l'extrême gauche. M. Ch. Dupuy, président du Conseil, au milieu du plus grand tumulte, formule nettement son opinion :

Nous, Gouvernement, dit-il, nous pensons que la loi militaire, au moment où elle saisit M. Mirman, le saisit tout entier, et qu'il n'y a pas possibilité pour lui d'exercer un mandat en même temps qu'il accomplit son service militaire.

Le centre applaudit cette déclaration. Plusieurs députés de l'extrême gauche viennent tour à tour protester à la tribune : MM. le général Riu, Alphonse Humbert, Gustave Rivet, le général Iung, Camille Pelletan, l'amiral Vallon, Jaurès, Cunéo d'Ornano, Henri Brisson. Tous font ressortir qu'entre la loi sur le recrutement d'une part, la Constitution et la loi électorale du 30 novembre 1875 d'autre part, il existe une contradiction flagrante ; partant de là, ils soutiennent que M. Mirman ne peut pas être privé de son mandat de député.

Plusieurs ordres du jour sont présentés. Celui de M. Gustave Rivet est ainsi conçu :

La Chambre, constatant que le mandat législatif est supérieur à tout autre devoir, passe à l'ordre du jour.

La priorité sur cet ordre du jour est repoussée par 267 voix contre 205.

Un ordre du jour de M. Gotteron est ainsi conçu :

La Chambre, approuvant les déclarations du Gouvernement, passe à l'ordre du jour.

Malgré l'opposition de l'extrême gauche, cet ordre du jour, accepté par le Gouvernement, est adopté par 307 voix contre 215.

Mort de l'Empereur Alexandre III (1er novembre 1894)[1].

Le 19 octobre 1894, on avait appris que l'état de santé de l'Empereur de Russie, retiré à Livadia, était très grave. Atteint du mal de Bright[2], le Tsar savait depuis plusieurs mois, de la bouche même de son médecin, le célèbre docteur Zakharine[3], que son état était désespéré. Le 1er novembre, les bulletins annonçaient que l'état de sa santé était très dangereux, et dans la soirée, on apprenait sa mort. Voici en quels termes le *Messager du Gouvernement*, organe officiel, raconte les derniers moments de l'empereur Alexandre III :

La mort de l'empereur Alexandre III a été celle d'un juste, comme sa vie, pleine de foi, de charité et d'humilité, a été la vie d'un juste.

Depuis quelques jours déjà, il sentait que sa mort était proche et s'y préparait en vrai chrétien, sans négliger cependant de se soucier des affaires gouvernementales.

L'Empereur reçut le 21 et le 29 octobre le sacrement de l'Eucharistie. Le 1er novembre, après une nuit pendant laquelle il n'avait pas dormi un seul instant, il dit dès le matin à l'impératrice : « Je sens que c'est fini; sois calme, je le suis entièrement. »

Après avoir rassemblé toute sa famille autour de lui, l'empereur, assis dans son fauteuil, récita à haute voix des prières et communia avec une grande ferveur. Pendant ce temps-là, le souverain ne perdit pas connaissance un seul instant.

Après la messe du matin, il fit appeler le prêtre Joann Serguyef et pria avec lui pendant une demi-heure.

Il le fit encore appeler un peu plus tard; le prêtre pria de nouveau avec l'empereur; il lui donna les derniers sacrements et resta auprès de lui jusqu'au moment de sa mort.

1. En raison de la sympathie qui unit la France et la Russie, j'ai cru devoir mentionner l'historique de cette mort qui, venant presque aussitôt après celle de M. Carnot, se rattache en quelque sorte à l'histoire politique de notre pays.

2. Maladie dans laquelle les reins ne fonctionnent plus, et survenue à la suite d'une attaque d'influenza dégénérée en pneumonie aiguë.

3. Une vive discussion a eu lieu entre ce docteur et le célèbre médecin allemand Leyden, qui a accusé son confrère d'avoir par cet aveu brutal aggravé l'état de santé du Tsar.

A deux heures de l'après-midi, le pouls du souverain augmenta, et le regard parut s'animer; mais un quart d'heure après, il ferma les yeux, laissa retomber sa tête en arrière et rendit son âme à Dieu, laissant comme héritage à son peuple les bienfaits de la paix et le brillant exemple d'une noble vie.

Après la mort, les membres de la famille impériale, les dignitaires de la cour et les membres de leur suite, ont donné à la dépouille mortelle du tsar le suprême baiser.

Puis la prestation de serment au nouveau tsar [1] a eu lieu sur l'esplanade de l'Église en face du palais de Livadia.

Il est difficile de dépeindre la douleur navrante et sincère que cette triste nouvelle a causée parmi la foule. Les églises ont été aussitôt assaillies, et c'était un spectacle vraiment émouvant de voir les gens du peuple en larmes prier pour le repos de l'âme de leur souverain bien-aimé.

Le *Journal officiel* de la République française des 2 et 3 novembre, encadré de noir, publie les documents suivants :

Le ministre des Affaires étrangères a reçu, jeudi 1er novembre à 6 heures 30 du soir, un télégramme de l'ambassade de France à Saint-Pétersbourg annonçant la mort de S. M. l'empereur Alexandre III [2], décédé à Livadia à 2 heures 20 de l'après-midi.

Il a aussitôt communiqué cette dépêche à M. le Président de la République et à M. le président du Conseil.

1. L'Empereur Nicolas II, fils d'Alexandre III, né le 6 mai 1868 et fiancé à la princesse allemande Alix de Hesse-Darmstadt, fille du grand-duc régnant de Hesse et du Rhin, née à Darmstadt le 6 juin 1872. Cette princesse, qui appartenait à la religion protestante, a été baptisée le 3 novembre 1894, embrassant ainsi la religion orthodoxe; elle a reçu le nom de grande-duchesse Alexandra-Théodorowna qu'elle portera désormais.

2. L'empereur Alexandre III, second fils d'Alexandre II, est né le 10 mars (26 février) 1845. Il est monté sur le trône le 13 mars 1881, jour où son père a été tué par une bombe nihiliste, à deux pas de son palais au retour d'une promenade en voiture. Le tsarewitch, grand-duc Nicolas, son frère aîné, est mort à Nice d'une maladie de langueur le 4 avril 1865. Avant de mourir, il avait légué à son frère Alexandrowitch son titre d'héritier présomptif et sa fiancée, la princesse Dagmar de Danemark, troisième fille du roi Christian de Danemark (sœur de la princesse de Galles), que le nouveau tsarewitch épouse le 9 novembre (28 octobre) 1866. Comme l'empereur Alexandre III, son mari, la princesse Dagmar, devenue l'impératrice Marie-Féodorowna, a toujours été animée d'une grande sympathie pour la France. Par crainte des nihi-

M. le Président de la République a adressé immédiatement les télégrammes suivants à S. A. I. le grand-duc héritier et à S. M. l'impératrice :

Paris, 1er novembre 1894, 7 h. 20 soir.

Le Président de la République française à S. A. I.
le grand-duc héritier Nicolas Alexandrowitch, Livadia.

C'est sous le coup de la plus pénible émotion que j'adresse à Votre Altesse Impériale mes sincères condoléances. S. M. l'empereur Alexandre avait conquis le respect universel. La France avait pour lui plus encore que du respect. Du fond de son cœur, le Président de la République française s'associe à votre douleur et au deuil de la nation russe.

CASIMIR-PERIER.

Paris, 1er novembre 1894, 7 h.

Le Président de la République française à S. M. l'Impératrice
de Russie, Livadia.

J'ai depuis bien des jours pris part aux cruelles angoisses de Votre Majesté, et je lui adresse respectueusement l'expression de ma profonde douleur.

CASIMIR-PERIER.

listes que l'empereur avait réprimés d'une manière terrible pour venger son père, le couronnement de l'empereur et de l'impératrice été retardé. Il a eu lieu à Moscou le 27 (15) mai 1883, au milieu d'une apothéose inoubliable. La France y était représentée par M. Waddington, ancien ambassadeur. Le 29 octobre 1888, au retour d'un voyage dans le Caucase, le train impérial déraille à Borki ; toute la famille impériale échappe comme par miracle à cette catastrophe qui a fait de nombreuses victimes. A la triple alliance conclue entre l'Allemagne, l'Autriche et l'Italie, l'empereur Alexandre III répond par un rapprochement avec la France. Au mois d'août 1891, alors qu'une exposition française était ouverte à Moscou, la flotte française, commandée par l'amiral Gervais, entre à Cronstadt où une réception enthousiaste lui est faite par le Gouvernement et le peuple russes. Deux ans après, au mois d'octobre 1893, une nouvelle accolade a eu lieu entre les deux nations amies, quand l'escadre russe de la Méditerranée vient, sous les ordres du contre-amiral Avellan, mouiller en rade de Toulon, et se transporte à Paris où une réception enthousiaste lui est faite. (*Voy. plus haut supplément à la 1re partie, page 48*).

A 7 heures, le commandant Germinet, officier d'ordonnance du Président de la République, s'est présenté à l'ambassade de Russie pour informer S. Exc. M. le baron de Mohrenheim de l'intention de M. Casimir-Perier d'aller exprimer en personne à l'ambassadeur les sentiments douloureux que la mort de l'empereur de Russie lui faisait éprouver.

A 9 heures, M. le Président de la République a fait la visite annoncée.

S. M. l'empereur Nicolas II a fait part à M. le Président de la République de la mort de S. M. l'empereur Alexandre III par le télégramme suivant, parvenu aujourd'hui dans la matinée à Paris :

Livadia, le 1er novembre 1894, 10 h. soir.

Paris. — Le Président de la République.

J'ai la douleur de vous faire part de la perte cruelle que moi et la Russie venons de faire dans la personne de mon père bien-aimé l'empereur Alexandre, décédé aujourd'hui.

Je suis certain de la vive part que toute la nation française prend à notre deuil national.

NICOLAS.

M. le Président de la République a adressé, en réponse, à S. M. l'empereur Nicolas II, le télégramme suivant :

Paris, le 2 novembre 1894, 5 h. soir.

Le Président de la République française à S. M. Nicolas II, empereur de toutes les Russies, Livadia.

En m'annonçant la perte cruelle qu'Elle vient d'éprouver, Votre Majesté associe la nation française au deuil national de la Russie. Les deux grands peuples se souviennent que S. M. l'empereur Alexandre III adressait, il y a eu hier un an, au Président Carnot un télégramme qui resserrait encore les liens entre les deux pays. Je suis certain de parler au nom de la France en affirmant les sentiments de respect et de douleur qui animent tous les cœurs. Je tiens aussi à renouveler à Votre Majesté et à la famille impériale l'assurance que je prends vivement part au deuil qui les frappe.

CASIMIR-PERIER.

Jeudi, à 7 heures du soir, M. le président du Conseil et M. le ministre des Affaires étrangères se sont rendus auprès de S. Exc.

M. le baron de Mohrenheim pour lui exprimer les condoléances du Gouvernement de la République.

Dans la soirée, MM. les ministres se sont inscrits personnellement à l'ambassade.

M. le président du Conseil a adressé à S. Exc. M. de Giers le télégramme suivant :

Paris, 1ᵉʳ novembre 1894, 7 h. 35 soir.

Le président du Conseil, ministre de l'Intérieur, à S. Exc. M. de Giers, ministre des Affaires étrangères, Saint-Pétersbourg.

Au nom du Gouvernement de la République française, je prie Votre Excellence d'être auprès de S. A. I. le grand-duc héritier et de la famille impériale l'interprète de la profonde douleur que lui fait éprouver la mort si prématurée de S. M. Alexandre III.

La France, unie à la Russie dans le deuil comme dans la joie, n'oubliera jamais le souverain qui lui témoigna dans de mémorables circonstances une précieuse sympathie.

Ch. DUPUY.

M. le président du Conseil a reçu de M. de Giers la réponse suivante :

Pétersbourg, le 2 novembre 1894, 3 h. 50 soir.

S. Exc. M. Dupuy, président du Conseil, ministre de l'Intérieur, Paris.

Je ne manquerai pas de faire parvenir à l'Empereur les témoignages de sympathie du Gouvernement de la République française dont Votre Excellence a été l'interprète et auxquels Sa Majesté sera, j'en suis sûr, très sensible.

GIERS.

M. le ministre des Affaires étrangères a adressé au chargé d'affaires de France à Saint-Pétersbourg le télégramme suivant :

Paris, 2 novembre 1894, 7 h. 45 soir.

Le ministre des Affaires étrangères au chargé d'affaires de France, Pétersbourg.

Veuillez vous rendre immédiatement auprès de M. de Giers, et lui transmettre l'expression de profonde douleur ressentie par le Gou-

vernement de la République et la France tout entière à la nouvelle
de la mort de S. M. l'empereur de Russie. Vous voudrez bien en
même temps prier M. de Giers de faire parvenir l'expression respectueuse de ces mêmes sentiments à S. M. l'impératrice, à S. A. I.
le grand-duc héritier et aux membres de la famille impériale.

G. HANOTAUX.

M. le ministre de la Guerre a adressé à S. M. l'empereur Nico
las II le télégramme suivant :

Paris, 2 novembre 1894.

A S. M. l'empereur Nicolas II, Livadia.

Sire, l'armée française tout entière dépose aux pieds de Votre
Majesté et de son Auguste Mère l'hommage de sa profonde douleur et l'expression des regrets unanimes et ineffaçables dont elle
honore la mémoire de votre glorieux Père. Nous pleurons avec nos
camarades de l'armée russe le chef vénéré qui lui est enlevé si
cruellement et dont le souvenir restera à jamais gravé dans nos
cœurs.

Général MERCIER.

M. le ministre de la Marine a adressé à S. A. I. le grand-duc
Alexis, commandant en chef de la marine russe, le télégramme
suivant :

Paris, 2 novembre 1894, 10 h, 20.

Le ministre de la Marine à S. A. I. le grand amiral grand-
duc Alexis, Livadia.

La marine française partage, en ce jour, la profonde douleur de
la Russie. Elle gardera toujours un reconnaissant souvenir de
l'inoubliable accueil que lui a fait le grand souverain dont elle
déplore la perte, et prie Votre Altesse Impériale de déposer aux
pieds de la famille impériale ses plus respectueuses condoléances.
Je prie Votre Altesse de transmettre à la marine russe les vives
sympathies de ses camarades de la marine française.

FÉLIX FAURE.

Le Gouvernement a donné, dès jeudi soir, les instructions nécessaires pour que les édifices nationaux, départementaux et commu-
naux, les établissements militaires, les bâtiments de la flotte et les

résidences de nos représentants à l'étranger, mettent en berne leurs drapeaux cravatés de crêpe jusqu'au lendemain des funérailles de S. M. l'empereur Alexandre III.

Le Conseil des ministres s'est réuni extraordinairement ce matin à l'Elysée. Il a été décidé que M. le Président de la République, M. le président du Conseil et MM. les ministres assisteraient au *Requiem* qui devait être célébré à 11 heures, à l'église russe, pour le repos de l'âme de S. M. l'empereur Alexandre III.

A onze heures, M. le Président de la République, portant le grand cordon de la Légion d'honneur, arrivait, ainsi que les membres du Cabinet, à l'église de la rue Daru.

M. le président de la Chambre des députés assistait à la cérémonie.

M. le président du Sénat, contraint par un accès de goutte de garder la chambre, s'était fait représenter par son chef de cabinet.

A l'issue de la cérémonie de l'église russe, M. le Président de la République, M. le président de la Chambre des députés et MM. les ministres se sont rendus au Panthéon, où ils ont salué la dépouille mortelle du président Carnot.

Ils ont voulu, en ce jour consacré au culte des morts, associer dans un commun hommage la mémoire du président Carnot et celle de l'empereur Alexandre III, qui, il y a un an, à pareille date, adressait à la France, pour la remercier de l'accueil fait aux marins de l'escadre russe, un télégramme dont on n'a pas perdu le souvenir.

En réponse au télégramme qu'il a adressé le 1ᵉʳ novembre à S. M. l'Impératrice de Russie, M. le Président de la République a d'abord reçu un télégramme signé de M. Woronzow Dachkow, ministre de la Cour de Russie ; le 4 novembre, il en a reçu un nouveau qui lui était adressé personnellement par S. M. l'Impératrice de Russie, et ainsi conçu :

Livadia, 4 novembre 1894, 9 h. 40 soir.

Le Président de la République, Paris.

Je tiens à vous remercier personnellement pour la vive et cordiale sympathie que vous m'avez témoignée dans ma cruelle douleur.

Marie.

En réponse au télégramme qu'il a adressé à S. M. l'empe-

reur Nicolas II, M. le ministre de la Guerre a reçu le télégramme suivant :

Livadia, 3 novembre 1894, 10 h. 50 matin.

Général Mercier, Paris.

J'exprime ma profonde reconnaisance à l'armée française de la
sympathie qu'elle ressent à notre irréparable malheur à nous tous.

NICOLAS.

Le 3 novembre, M. Challemel-Lacour, président du Sénat,
encore obligé de garder la chambre, a fait remettre par son
chef de cabinet à S. Exc. M. l'ambassadeur de Russie, une
lettre dans laquelle il exprime les sentiments de profonde
douleur dont le remplit la mort de S. M. l'empereur
Alexandre III, et il transmet à toute la famille impériale
l'expression de ses respectueuses condoléances.

Le même jour, M. Burdeau, président de la Chambre des
députés, est allé, au nom d'un grand nombre de ses collègues
et au sien, porter à l'ambassadeur de Russie, l'expression de
leur émotion profonde en présence du deuil qui frappe si
cruellement la famille impériale et la nation russe.

Le 3 novembre, Mme Casimir-Perier a adressé le télégramme suivant à S. M. l'Impératrice de Russie :

A S. M. l'Impératrice de Russie, Livadia.

Au nom de l'Association des Dames françaises, de l'Union des
Femmes de France et du Comité des Dames de la Société de secours aux blessés militaires, certaine aussi d'être l'interprète de
toutes les Françaises, je viens adresser à Votre Majesté l'expression de notre respect et de notre compassion pour son immense
douleur.

Hélène CASIMIR-PERIER.

S. M. l'Impératrice de Russie a répondu à Mme Casimir-
Perier par le télégramme suivant :

Livadia, 4 novembre, 9 h. 30 matin.

Madame Casimir-Perier, Paris.

Profondément émue de la part que vous prenez à mon immense
douleur, je vous remercie de cœur, ainsi que l'Association des

Dames françaises, l'Union des Femmes de France, le Comité des Dames de la Société de secours aux blessés militaires et toutes les Françaises; elles comprendront toute l'étendue de mon malheur.

MARIE.

En réponse au télégramme de condoléances qu'elle lui avait adressé, Mme Carnot a reçu de l'Impératrice de Russie le télégramme suivant :

Livadia, 3 novembre, 9 h. 30 soir.

Madame Cécile Carnot, Paris.

Je vous remercie sincèrement pour votre sympathie dans mon immense douleur.

MARIE.

M. Champoudry, président du Conseil municipal de Paris, a adressé, le 2 novembre, le télégramme suivant à l'Impératrice de Russie :

A Sa Majesté l'Impératrice de Russie.

Très ému par le malheur qui vous frappe, je viens, au nom du Conseil municipal de Paris, vous prier de vouloir bien agréer l'expression de nos vives et très respectueuses condoléances.

Nous garderons le souvenir précieux et reconnaissant du puissant souverain qui a si noblement manifesté ses sentiments d'amitié pour la France, et par sa haute et décisive intervention, décidé du sort de la paix en Europe.

Le souvenir du tsar Alexandre III restera ineffaçable dans nos mémoires, et comme intimement lié aux magnifiques manifestations de Cronstadt, de Toulon et de Paris.

Par notre voix, la capitale française prie Votre Majesté de bien vouloir agréer ses hommages attristés et respectueux.

Le président du Conseil municipal,
P. CHAMPOUDRY.

M. Bassinet, président du Conseil général de la Seine, a également adressé, au nom de cette Assemblée, un télégramme de condoléances à la famille impériale de Russie.

En outre, les deux Conseils ont décidé l'envoi d'une couronne aux obsèques du Tsar.

Le 2 novembre, à 10 heures du matin, les troupes de la
garnison de Saint-Pétersbourg ont prêté serment de fidélité
à l'empereur Nicolas II, ainsi qu'au grand-duc héritier,
Georges Alexandrowitch, son frère. Le même jour, le tsar
Nicolas II publie son manifeste qui se termine ainsi :

Nous nous souvenons, dans cette heure douloureuse, mais solennelle, des volontés testamentaires de notre père défunt, et pénétré
de ces volontés, nous faisons, à la face du Très-Haut, la promesse
sacrée de n'avoir pour but que la prospérité pacifique et la gloire
de notre chère Russie, et le bonheur de tous nos fidèles sujets.

Puisse le Tout-Puissant qui nous a choisi pour cette haute mission, nous prêter son appui. Tout en adressant au trône du Très-
Haut de ferventes prières pour l'âme du défunt, nous ordonnons à
nos sujets de nous prêter le serment de fidélité, à nous et à notre
héritier présomptif, le grand-duc Georges Alexandrowitch, qui por-
era le titre de grand-duc héritier et de tsaréwitch jusqu'à ce qu'il
plaise à Dieu de bénir, par la naissance d'un fils, l'union que nous
allons contracter avec la princesse Alix de Hesse-Darmstadt.

Donné à Livadia, le 20 octobre/1er novembre 1894.

NICOLAS.

La nouvelle de la mort de l'empereur Alexandre III a
produit une douloureuse émotion dans Paris et dans toute
la France.

Les façades d'un grand nombre de maisons se couvrent de
drapeaux français et russes cravatés de crêpe.

Comme pour la mort de M. Carnot, des télégrammes de
condoléances sont adressés de tous les points du monde
la famille impériale de Russie, et des services funèbres sont
célébrés dans les églises de toutes les puissances.

En réponse au télégramme qu'il lui avait adressé au nom
de la marine française, M. le ministre de la Marine a reçu
de S. A. I. le grand amiral grand-duc Alexis le télégramme
suivant :

Livadia, 4 novembre 1894, 5 h. 25 soir.

Ministre de la Marine, Paris.

Me faisant l'interprète des sentiments de la famille impériale, je
remercie en son nom la marine française pour la vive part qu'elle

9

prend à la perte cruelle que nous et la Russie entière venons
d'éprouver. La marine russe se joint à moi pour assurer la marine
française de ses sentiments d'inaltérable sympathie.

> Grand amiral grand-duc ALEXIS.

Le 5 novembre, les deux Chambres se réunissent à deux
heures pour entendre la lecture de la communication suivante de M. le président du Conseil :

> Paris, le 4 novembre 1894.

Monsieur le Président,

Le Gouvernement de la République a le douloureux devoir
d'annoncer officiellement au Sénat la mort de S. M. Alexandre III.

L'Empereur de Russie a succombé le jeudi 1er novembre, dans
l'après-midi, aux atteintes d'un mal impitoyable dont la France a
suivi avec anxiété les redoutables progrès.

Dès la première nouvelle du fatal événement, la nation française a exprimé son émotion profonde et ses regrets unanimes par
les hommages spontanés qu'elle a rendus à l'empereur défunt.

De tous côtés ont afflué les témoignages provoqués par le souvenir des précieuses sympathies que l'empereur Alexandre mani-
festa envers notre pays dans des circonstances mémorables ; ce
souvenir restera dans la vie des deux grands peuples comme un
gage de concorde et d'amitié.

En faisant parvenir à l'empereur Nicolas II ses condoléances
émues et ses vœux ardents, le Gouvernement est assuré d'avoir
été l'interprète fidèle des sentiments du pays et de la représentation nationale.

Veuillez agréer, monsieur le Président, les assurances de ma
haute considération.

> *Le président du Conseil des ministres*,
>
> Signé : CH. DUPUY.

Après cette lecture, que le Sénat a écoutée dans un religieux silence, M. Challemel-Lacour, président du Sénat,
qui, bien que souffrant encore de son accès de goutte, a tenu
à présider cette séance, prononce une allocution dont voici
quelques extraits :

Dès que la cruelle angoisse qui a pesé sur tout le monde pendant deux semaines a pris fin pour faire place en nous à une pro-

fonde douleur, je me suis aussitôt décidé à faire usage de la faculté que vous aviez réservée à votre président de vous convoquer à domicile [1]. (*Très bien! très bien!*) J'ai pensé que vous deviez être impatients de témoigner par la voix du Parlement, qui est celle de la France, (*Très bien! très bien!*) la part qu'elle prend et que nous prenons tous individuellement au deuil d'un grand peuple ami, à l'immense douleur de l'auguste famille de Russie actuellement dans les larmes, à l'affliction et aux regrets de tout ce qui porte en Europe un cœur d'homme. (*Applaudissements.*)

Pendant les dix jours que l'Europe a pu, chose peut-être sans exemple jusqu'à cette heure, se livrer en présence d'un empereur condamné par la science, mais encore vivant et debout, à l'examen et à l'appréciation des actes de l'homme et de la carrière du souverain, rien n'y est apparu qui ne fît honneur à sa droiture et à sa justesse de raison, à sa probité, à sa fixité dans ses desseins, à la hauteur d'un esprit dont les vues n'avaient rien de compliqué et se réduisaient à des idées vraiment humaines, la grandeur de la Russie par la paix, le désir ardent et continu de conjurer la guerre (*Très bien! très bien!*); ce qui est grand dans un siècle que la guerre a presque toujours rempli, grand surtout de la part d'un souverain dont l'empire est certainement une des grandes puissances militaires que le monde ait connues. Aussi son nom a grandi subitement dans le respect et l'admiration des hommes; ces sentiments ont trouvé plus d'une fois dans la bouche des écrivains ou des hommes d'État une expression qui a devancé l'histoire.

Nous lui devons, la France lui doit quelque chose de plus. Lorsque, poussé par une inspiration magnanime, il se décida à faire savoir à tous que la France, malgré les cicatrices dont elle est couverte, n'était pas isolée dans le monde, il obéissait à une de ces grandes pensées qui viennent aussi du cœur.

Nous adressons à son jeune héritier, l'empereur Nicolas II, appelé à recueillir un si lourd héritage, nos vœux pour que la sagesse le conduise et que son règne soit en tout digne de celui qui vient de se terminer au milieu de l'émotion universelle. (*Très bien! très bien! — Applaudissements prolongés.*)

La séance est levée en signe de deuil.

A la Chambre des députés, après la lecture de la communication du Gouvernement qui a été applaudie, M. Burdeau, président, a prononcé l'allocution suivante qui a été aussi vivement applaudie :

1. La prochaine séance du Sénat avait été fixée au mardi 6 novembre.

Je suis certain, mes chers collègues, de traduire la pensée de la Chambre en déclarant que le Gouvernement a été, auprès de la famille impériale et du peuple russe, le fidèle interprète de vos sentiments (Très bien! très bien!)

Le coup qui frappe si cruellement une nation amie ne pouvait avoir nulle part un écho plus profond que dans cette Assemblée, où viennent immédiatement se répercuter les émotions de la France entière. (Applaudissements.)

C'est, en effet, de l'âme même des deux nations que jaillit cette sympathie mutuelle dont les manifestations ont, à plusieurs reprises déjà, frappé le monde et que les tristesses partagées, autant que les joies et les fêtes communes, n'ont cessé d'alimenter. (Nouveaux applaudissements.)

En apportant aujourd'hui au cortège de deuil que mènent le gouvernement et le peuple de Russie le concours de nos regrets et de notre douleur, nous ne faisons que continuer cette tradition et affirmer un sentiment qui est celui de la nation tout entière. (Très bien! très bien!)

La mémoire de l'empereur Alexandre III, associée pour nous à d'inoubliables souvenirs, vivra dans le cœur de la France comme dans celui de la Russie. (Approbation.)

Elle formera l'un des plus solides anneaux de cette chaîne fraternelle qui s'établit entre les deux nations pour leur bien commun et pour la paix du monde.)Vifs applaudissements.)

Votre président sait d'avance qu'il obéit à votre volonté unanime en vous proposant de lever la séance en signe de deuil. (Assentiment unanime.)

Le 7 novembre, le corps embaumé de l'Empereur Alexandre III est transporté de Livadia à Sébastopol, d'où il est dirigé sur Saint-Pétersbourg en passant par Moscou, où il a été exposé pendant vingt-quatre heures au Kremlin dans la cathédrale des Saints-Archanges. Les funérailles sont fixées au 19 novembre.

Le 6 novembre, le Conseil des ministres a décidé que le Président de la République et le Gouvernement seraient représenté aux funérailles de l'Empereur Alexandre III par une ambassade extraordinaire composée comme suit :

MM. le général de division Le Mouton de Boisdeffre[1], chef d'état-major général de l'armée, chef de la mission ; le vice-

---

1. Le général de Boisdeffre est le seul officier qui ait été admis à suivre les manœuvres intimes de l'armée russe ; il a été à maintes reprises le commensal de l'Empereur Alexandre III.

amiral Gervais, commandant l'escadre de réserve de la Méditerranée, ancien chef d'état-major général de la marine, ancien commandant de la flotte française lors de l'inoubliable solennité de Cronstadt; l général de division Berruyer, chef de la maison militaire du Président de la République; le capitaine de frégate Germinet, officier de la maison militaire de l'Elysée, représenteront M. Casimir-Périer, Président de la République; MM. le général de brigade baron de Sermet, commandant l'artillerie du 5ᵉ corps d'armée, ancien attaché militaire à Saint-Pétersbourg; le contre-amiral Sallandrouze de Lamornaix; les colonels de Chabot, de Torcy; le capitaine de vaisseau Cordier et le capitaine Appert, fils du général Appert, ancien ambassadeur à Saint-Pétersbourg, représenteront le Gouvernement. Les officiers généraux seront accompagnés de leurs aides de camp et officiers d'ordonnance. Cette mission est partie de Paris le 13 novembre pour se rendre à Saint-Pétersbourg.

Le ministère des Affaires étrangères s'est chargé de la transmission des nombreuses couronnes envoyées de France aux obsèques de l'Empereu

Le dimanche, 11 novembre, des prières publiques, prescrites par Mgr le cardinal archevêque de Paris, pour implorer la bénédiction de Dieu sur la Russie et sur la France, ont été dites à l'issue des vêpres, en l'église Notre-Dame, au milieu d'une très nombreuse assistance.

Mgr le cardinal Richard, entouré des vicaires généraux et des chanoines du chapitre métropolitain, présidait la cérémonie à laquelle ont assisté M. le général Berruyer, chef de la maison militaire, représentant le Président de la République, M. Ad. Dupuy, chef du cabinet du président du Conseil et M. le comte de Bourqueney, directeur du protocole, représentant le ministre des Affaires étrangères. Quatre officiers en grande tenue représentaient les ministres de la Guerre et de la Marine.

Aux grands piliers du transept, quatre trophées de drapeaux français mariés aux pavillons et aux drapeaux russes entouraient de larges cartouches coupés d'une bande de crêpe.

Plus de dix mille personnes assistaient à cette cérémonie.

Des prières ont été dites le même jour dans toutes les

églises de Paris et de la France entière, où les membres du clergé engageaient les fidèles à prier pour l'Empereur défunt, et associaient à son souvenir celui de M. le Président Carnot.

Le 10 novembre, le Gouvernement dépose à la Chambre des députés un projet de loi portant ouverture d'un crédit de 120.000 francs pour les dépenses de la représentation de la France aux funérailles de S. M. l'Empereur de Russie.

Le 15 novembre, un service solennel a été célébré à la chapelle du cimetière français de Sébastopol, en mémoire de l'empereur Alexandre III.

Cette cérémonie touchante, à laquelle a participé le clergé des deux rites, a réuni une fois de plus, dans l'expression de leur commune douleur, les deux peuples français et russe.

La mission française est arrivée à Saint-Pétersbourg le 16 novembre à deux heures et demie. Les envoyés étaient en grande tenue, portant les insignes de deuil sur les épaulettes et à la poignée de l'épée.

Le grand-duc Wladimir, entouré d'un nombreux état-major, a reçu la mission au nom de l'Empereur sur le quai de la gare.

Le général de Boisdeffre est descendu le premier du wagon, immédiatement suivi par l'amiral Gervais et tous les autres officiers.

Le grand-duc leur a serré la main avec effusion, et s'adressant au général de Boisdeffre, il lui a dit combien l'Empereur était touché des sentiments unanimes exprimés en France à l'occasion du deuil actuel.

Une foule nombreuse se pressait aux alentours de la gare et dans les rues pour voir la mission française. Au passage des officiers, la foule se découvrait avec l'attitude de la plus respectueuse sympathie.

La mission française a assisté le 17 novembre aux prières solennelles, émouvantes, dites à la cathédrale Saint-Pierre et Saint-Paul, en présence de la famille impériale.

Immédiatement après les prières, la mission s'est rendue au palais Anitchkoff, où l'empereur Nicolas II a reçu le général de Boisdeffre en audience particulière, puis toute la mission en audience générale. L'Empereur s'est montré d'une affabilité extrême.

Le 17 novembre, la Chambre des députés, sur la proposition de M. Edouard Lockroy, vice-président, décide de ne pas siéger le lundi 19 novembre, jour des obsèques de S. M. l'empereur Alexandre III.

Le 19 novembre, le Sénat lève sa séance en signe de deuil.

Le même jour, ont lieu à Saint-Pétersbourg les funérailles solennelles de l'empereur Alexandre III. Le cortège impérial part du palais d'Hiver pour se rendre à la cathédrale Saint-Pierre et Saint-Paul qui se trouve dans l'enceinte de la forteresse. En tête du cortège, marche l'empereur Nicolas II, conduisant l'impératrice, sa mère ; vient ensuite la famille impériale, les souverains, le roi de Danemark, le roi et la reine de Grèce, le roi Alexandre de Serbie, le grand-duc régnant de Hesse, père de la future impératrice, puis les princes étrangers en grand nombre. La cérémonie est présidée par Mgr Palladius, métropolite de Saint-Pétersbourg.

Parmi les innombrables couronnes qui ont été envoyées de tous les pays de l'Europe, on remarque beaucoup celles du Président de la République française, des ministres, du général de Boisdeffre, chef de la mission française; des membres de la mission, de l'armée française, de la presse parisienne, de l'école militaire de Saint-Cyr, de l'association des Dames françaises ; celles de la colonie française de Saint-Pétersbourg, surmontée d'une couronne impériale en immortelles et des différentes villes de France. Parmi les autres couronnes à signaler, celles de la reine d'Angleterre, du roi d'Italie, du roi des Belges, de la reine de Hollande, du roi de Danemark, du prince de Galles, etc.

Après la cérémonie, l'Empereur s'avance le premier ; puis viennent l'impératrice, la famille impériale, les rois, les princes, afin de donner le dernier adieu au défunt en lui baisant la main et le visage.

Cette scène silencieuse et solennelle produit une impression poignante. Puis l'Empereur place le manteau impérial dans le cercueil. Huit généraux apportent le couvercle qui est scellé. Le cercueil est enlevé par l'Empereur, les membres de la famille impériale, les princes étrangers, les ministres de la cour, les aides de camp, les généraux et les hauts fonctionnaires de la cour. Le funèbre cortège, précédé du métropolite et de son clergé, se dirige lentement vers le tombeau.

On observe qu'une place d'honneur a été réservée à la mission française, qui vient après les princes apparentés à la famille impériale.

Le cercueil est déposé au bord de la tombe autour de laquelle la famille impériale s'est agenouillée.

Pendant le transfert du cercueil, le canon de la forteresse tonne à intervalles réguliers, comme un glas. On l'entend de l'intérieur de l'église.

Les prières suprêmes sont dites devant la tombe. A ce moment, l'impératrice, qui jusque-là a fait preuve d'un courage surhumain, ne peut plus résister à son immense douleur, et fond en larmes. L'Empereur, tous les membres de la famille impériale ont les yeux mouillés de larmes. C'est une scène navrante, indescriptible, d'angoisse et de douleur.

Quand tout est fini, les grenadiers du palais et des sergents-majors de tous les régiments dont Alexandre III était le chef descendent le cercueil dans la tombe.

Le même jour, une cérémonie imposante a eu lieu à Paris à l'église russe de la rue Daru. Le *Journal officiel* du 20 novembre, en publie le compte rendu ci-après dans sa partie officielle :

Aujourd'hui, pendant qu'avait lieu à Saint-Pétersbourg l'inhumation de S. M. l'empereur Alexandre III, un service funèbre a été célébré solennellement à l'église russe de la rue Daru [1].

M. le Président de la République y assistait, accompagné de sa maison civile et militaire. Le Sénat était représenté par le président, M. Challemel-Lacour, et par une députation du bureau ; la Chambre des députés, par M. de Mahy, vice-président, en l'absence de M. Burdeau, empêché, et par une députation du bureau.

M. Ch. Dupuy, président du Conseil, ainsi que les ministres, étaient présents. Venaient ensuite le grand chancelier de la Légion d'honneur, le général gouverneur de Paris, les députations de l'armée et de la marine ; les anciens ministres des affaires étrangères : MM. de Freycinet, Goblet, Spuller, Ribot et Develle ; le vice-président du conseil d'Etat, le premier président et le procureur général de la cour de cassation, le président et le procureur général de la cour des comptes ; le président de l'Institut, le président de la cour d'appel ; le préfet de la Seine et le préfet de police ; le président du conseil municipal de Paris et le président du conseil général de la Seine ; le vice-recteur de l'académie de Paris ; M. de Laboulaye, ancien

1. Par l'archiprêtre Wassilieff, assisté des membres du Synode.

ambassadeur de la République française à Saint-Pétersbourg ; les directeurs du ministère des affaires étrangères.

Le personnel de l'ambassade de Russie faisait face à l'autel, ayant à droite les personnages officiels français et à gauche le corps diplomatique.

Les honneurs militaires étaient rendus par des troupes d'infanterie, de cavalerie et d'artillerie sous les ordres du général de division Madelor. Un détachement de fusiliers marins [1], une compagnie de chasseurs à pied et un peloton de la garde républicaine étaient rangés devant l'église. Une salve de 101 coups de canon a été tirée pendant la cérémonie [2].

Après le service funèbre, M. le Président de la République, ayant auprès de lui les présidents des Chambres, les membres du Gouvernement, le chargé d'affaires de Russie à Paris, M. de Giers, le corps diplomatique et les invités officiels, a pris place sur le péristyle, et les troupes ont défilé devant lui.

A Paris, le jour des funérailles, le nombre des drapeaux français et russes cravatés de crêpe augmente. Un grand nombre de négociants ferment leurs magasins pendant la cérémonie de l'église russe, et y placardent cet avis : « Fermé pour cause de deuil national ». Dans les départements, de touchantes manifestations de deuil se produisent et des services funèbres sont célébrés dans la plupart des églises.

Le 21 novembre, au cercle de cour à Saint-Pétersbourg, après le dîner au Palais d'Hiver, la mission française a été l'objet d'égards particuliers.

L'Empereur s'est montré très aimable et bienveillant envers chacun.

La fiancée de l'Empereur, la reine de Grèce, la grande-duchesse Serge, la grande-duchesse Wladimir, les grands-ducs, le prince de Galles, le prince de Roumanie, le prince Henri de Prusse et d'autres encore se sont entretenus avec le général de Boisdeffre, et se sont fait présenter aux membres de la mission française.

Le général de Boisdeffre voulant, avant de quitter la Russie, rendre un dernier hommage à l'Empereur défunt, est allé, à la tête de tous les officiers de la mission ; déposer, le 22 novembre, une couronne sur sa tombe ; il a déposé également une couronne sur le tombeau de l'empereur Alexandre II, auprès duquel il avait servi comme attaché militaire.

1. Venus tout exprès de Lorient pour cette cérémonie.
2. La batterie d'artillerie était située sur la place de l'Étoile.

Le général de Boisdeffre et l'amiral Gervais ont eu, le 22 novembre, l'honneur d'être reçus par l'Impératrice. L'entrevue a été très émouvante.

La dernière fois que l'amiral Gervais avait vu Sa Majesté, c'était au milieu des fêtes inoubliables de Cronstadt. Ce souvenir redoublait l'émotion de l'Impératrice qui s'est montrée d'une bonté exquise et touchante. L'Empereur était avec sa mère; il a témoigné de nouveau au général de Boisdeffre et à l'amiral Gervais une grande affabilité.

Cette réception, qui a été une faveur exceptionnelle, restera comme le plus grand souvenir.

Le général de Boisdeffre et l'amiral Gervais sont les seuls chefs de la mission qui ont été reçus par l'Impératrice [1].

Sur la demande du tsar Nicolas, ces deux officiers généraux ont été retenus à Saint-Pétersbourg pour assister à la célébration du mariage de l'Empereur, qui a eu lieu le lundi 26 novembre.

Le 8 novembre, a lieu, à la Chambre des députés, la discussion de l'interpellation de M. Carnaud, député socialiste de Marseille, sur les mesures disciplinaires prises contre trois fonctionnaires des Bouches-du-Rhône, membres du Conseil général de ce département [2]. M. Carnaud proteste contre ces mesures. Aux applaudissements de l'extrême gauche, il dépose l'ordre du jour suivant :

La Chambre, soucieuse de sauvegarder la dignité du suffrage universel dans la personne de ses représentants, passe à l'ordre du jour.

M. Charles Dupuy, président du Conseil, termine son discours par la déclaration suivante :

Les fonctionnaires en question ont méconnu leurs devoirs envers le Gouvernement ; ils se sont associés à une manifestation injurieuse ; nous les avons frappés, c'était notre devoir, et la Chambre dira comme nous (*Applaudissements à gauche et au centre*).

Plusieurs orateurs, entre autres, MM. Leydet, Marcel Sembat, Marcel Habert et Terrier, soutiennent que l'autorité du suffrage universel a été méconnue, et invitent le Gouver-

---

1. *Agence Havas* du 22 novembre.
2. Ces trois fonctionnaires s'étaient associés à un vœu politique du Conseil général blâmant le Gouvernement d'avoir présenté la loi sur les menées anarchistes, et la majorité de la Chambre d'avoir adopté cette loi.

nement à déposer un projet de loi relatif à l'incompatibilité
des fonctions publiques et des fonctions électives.

M. Ch. Dupuy, président du Conseil, promet à la Chambre
de déposer un projet de loi sur les incompatibilités avant le
renouvellement partiel des Conseils généraux qui doit avoir
lieu en 1895.

A la suite de cette promesse, la Chambre des députés
refuse, par 405 voix contre 148, la priorité à l'ordre du jour
de M. Carnaud, et elle adopte, par 299 voix contre 119,
l'ordre du jour suivant déposé par M. du Périer de Larsan et
accepté par le Gouvernement :

La Chambre, approuvant les déclarations du Gouvernement *et*
prenant acte de son engagement de déposer un projet de loi sur le
cumul des mandats électifs et des fonctions salariées, passe à l'ordre
du jour.

Le 10 novembre, a lieu, à la Chambre des députés, la discussion de l'interpellation de M. Lavy, député radical de la
Seine, sur l'affaire de Cempuis. M. Lavy proteste contre les
accusations portées contre M. Robin [1]. M. Leygues, ministre
de l'Instruction publique, expose les griefs reprochés à
M. Robin, tels qu'ils résultent du rapport d'une enquête. Ce
rapport lui reproche, entre autres, « d'être un éducateur dangereux, de manquer de patriotisme, de s'entourer d'un personnel d'une valeur pédagogique médiocre, d'une éducation
vulgaire et d'une moralité suspecte [2], et de professer des
idées philosophiques et politiques internationalistes ».

Le discours de M. Leygues est couvert d'applaudissements.

Plusieurs ordres du jour sont présentés. Celui de M. Chaudey, « approuvant les déclarations du Gouvernement », est
adopté à l'énorme majorité de 466 voix contre 40. Ce résultat est accueilli par une longue salve d'applaudissements.

A la séance du 20 novembre, a lieu la discussion de l'interpellation de M. Jules Guesde, député socialiste, sur l'annu-

1. M. Robin, directeur de l'orphelinat Prévost à Cempuis (Oise), a été
révoqué par le ministre de l'Instruction publique, pour faits délictueux
commis dans son administration.

2. Un certain M. Machu, instituteur, a été convaincu d'attentats à la
pudeur su·six orphelines, âgées de moins de treize ans.

lation des délibérations du conseil municipal de Roubaix, en date du 13 octobre 1893, tendant à l'établissement d'une pharmacie municipale. Cette interpellation a donné lieu à un grand débat sur le collectivisme. M. Ch. Dupuy, président du Conseil, explique que le Gouvernement a soumis la question au conseil d'Etat, qui s'est prononcé très nettement contre la mise à exécution de cette délibération. A côté de la question de la légalité, M. le président du Conseil en voit une autre plus grave.

Si nous nous opposons avec énergie, dit-il, à la création de la pharmacie municipale de Roubaix, c'est aussi parce qu'elle serait le premier pas dans la voie de l'application du système collectiviste. Or, ce premier pas, nous ne voulons pas le faire.

Cette déclaration de M. Ch. Dupuy est vivement applaudie par la majorité de la Chambre. M. Bouge, député des Bouches-du-Rhône, dans un discours très applaudi, s'élève contre les manœuvres et doctrines collectivistes. A son tour, M. Jules Guesde fait, aux applaudissements de l'extrême gauche, une éloquente conférence sur les souffrances des classes prolétariennes, leur exploitation par l'oligarchie capitaliste et sur les bienfaits du collectivisme. Son discours est savamment réfuté par M. Deschanel qui est très applaud et félicité. La séance, suspendue à sept heures et demie, est reprise à neuf heures un quart. M. René Goblet et M. l'abbé Lemire prennent la parole pour repousser les théories collectivistes. Enfin, M. Léon Bourgeois monte à la tribune pour prêcher la concentration républicaine.

Six ordres du jour sont déposés. Celui de M. Bouge, accepté par le Gouvernement, est ainsi conçu :

La Chambre, réprouvant les doctrines collectivistes et confiante dans le Gouvernement pour leur opposer une politique de réformes sociales résolument progressives, passe à l'ordre du jour.

Celui de M. Jules Guesde est ainsi conçu :

La Chambre invite le Gouvernement à interpréter la loi municipale du 5 avril 1884 dans le sens de la plus large initiative laissée aux communes en matière de réformes locales.

La priorité est refusée à celui de M. Jules Guesde par

456 voix contre 57, et par 406 voix contre 93 à celui de M. René Goblet.

L'ordre du jour de M. Bouge est enfin adopté par 335 voix contre 177. La séance est levée à minuit un quart.

Le 29 novembre, M. Marcel Habert pose une question à M. le garde des sceaux au sujet des affaires de chantage des cercles et Allez frères, dans lesquelles sont inculpés MM. Portalis, directeur du *XIXᵉ Siècle*, de Clercq, un de ses rédacteurs, et Camille Dreyfus, directeur de la *Nation*[1].

M. Marcel Habert, rappelant l'affaire de Panama, critique vivement les chantages de la presse et la communication des dossiers confidentiels faite par la préfecture de police.

Après une intervention de M. Eug. Guérin, garde des sceaux, qui promet que la justice sera rendue, la question, sur la demande de M. Denécheau, est transformée en interpellation. A son tour, M. Millerand s'élève contre les chantages et contre la faiblesse et la complicité de la magistrature à leur sujet.

M. Ch. Dupuy, président du Conseil, ministre de l'Intérieur, monte à la tribune pour déclarer que, « sans considération de personnes, de qualités ou de titres, la justice fera son devoir, tout son devoir » (*Applaudissements*).

MM. Charles Ferry, Chevallier et Francis Charmes déposent l'ordre du jour suivant qui est accepté par le Gouvernement :

La Chambre, confiante dans la vigilance du Gouvernement pour poursuivre tous les délits de chantage et en punir les auteurs, quels qu'ils soient, passe à l'ordre du jour.

Par 362 voix contre 134, la priorité est accordée à cet ordre du jour, qui est ensuite adopté à mains levées.

Expédition de Madagascar.

A la séance du 13 novembre, M. Boissy d'Anglas, député, pose une question à M. Hanotaux, ministre des affaires étrangères, au sujet de Madagascar. Il lui demande quel avait été le résultat de la mission de M. Le Myre de Vilers.

---

1. MM. de Clercq et Camille Dreyfus ont été arrêtés; M. Portalis est en fuite. M. Raoul Canivet, directeur du *Paris*, a été arrêté le 12 décembre comme étant compromis dans la même affaire.

M. Hanotaux répond que M. Le Myre de Vilers, envoyé auprès de la reine Ranavalo III, pour réclamer au Gouvernement hova l'exécution du traité du 17 décembre 1885, avait annoncé le résultat négatif de sa mission. M. Hanotaux refait l'historique de la question, et établit les droits absolus de la France au protectorat de Madagascar, droits reconnus e acceptés par le traité de 1885 dont l'art. 1ᵉʳ est ainsi conçu :

Un résident représentant le Gouvernement de la République présidera aux relations extérieures de Madagascar ; il résidera à Tananarive, avec une escorte militaire ; il aura droit d'audience privée et personnelle auprès de S. M. la reine.

M. Hanotaux explique que le Gouvernement hova a constamment éludé ce traité, en refusant de donner suite aux demandes des puissances étrangères qui lui étaient transmises par notre résident général.

Au point de vue des garanties réclamées pour assurer la sécurité de nos concitoyens, nos résidents généraux ont rencontré les mêmes résistances. Plusieurs de nos compatriotes ont été assassinés. Tous ces crimes sont restés sans châtiment. M. Hanotaux rappelle l'ordre du jour voté à l'unanimité par la Chambre des députés, le 22 janvier 1894, à la suite d'une interpellation de M. Brunet à M. Casimir-Perier, alors président du Conseil, ministre des Affaires étrangères.

C'est à la suite d'une dépêche du 28 août dernier dans laquelle M. Larrouy, résident général, signale la vie de nos nationaux comme très menacée, que le Gouvernement, dans un conseil des ministres, tenu à Pont-sur-Seine, a décidé la mission de M. Le Myre de Vilers[1]. Celui-ci, ayant échoué, a dû rompre aussitôt toute négociation.

Il est parti en laissant au Gouvernement hova un délai qui expirera quand M. Le Myre de Vilers aura reçu de Paris l'ordre de quitter Tamatave.

M. le ministre continue ainsi :

Messieurs, l'heure des résolutions est venue. Le Gouvernement tient à vous rappeler qu'il s'est attaché à réserver jusqu'ici au Parlement une entière liberté d'action. Vos résolutions sont libres.

Le Gouvernement demande à la Chambre, si elle approuve sa

1. M. Le Myre de Vilers avait occupé le premier le poste de résident général à Madagascar.

conduite, de le dire nettement. (*Très bien! très bien!*) Ce qui importe, en effet, à l'heure présente, c'est de faire apparaître aux yeux de tous l'union des pouvoirs publics devant une difficulté qui ne souffre plus ni hésitation ni atermoiement. (*Très bien! très bien!*)

Il vous appartient de vous prononcer avec une claire et virile conscience de nos intérêts, de notre dignité et de notre droit. (*Applaudissements.*)

M. Boissy d'Anglas remercie M. le ministre de ses déclarations.

M. le général Mercier, ministre de la Guerre, dépose aussitôt un projet de loi portant ouverture aux ministres de la Guerre et de la Marine de crédits de 65 millions de francs pour pourvoir aux dépenses de l'expédition de Madagascar. Ce projet est renvoyé à une Commission spéciale.

Le matin même, 13 novembre, le Conseil des ministres, réuni sous la présidence de M. Casimir-Perier, décide que la direction éventuelle des opérations militaires appartiendra au ministère de la Guerre et désigne le général Duchesne[1], commandant la 14e division militaire à Belfort, pour commander le corps expéditionnaire.

Le projet de crédits, déposé le 13 novembre, rapporté par M. Chautemps, vient en discussion le 22 novembre devant la Chambre des députés. De nombreux orateurs prennent la parole, entre autres MM. Pierre Alype, le vicomte de Montfort, Etienne et André Lebon, qui parlent en faveur de l'expédition; MM. Doumergue et Henry Boucher, qui la repoussent.

Le 23 novembre, M. Hanotaux, ministre des Affaires étrangères, termine son discours par la déclaration suivante :

En vous proposant de voter ces crédits, le Gouvernement vous demande de rester fidèles aux engagements que vous avez pris devant le pays et devant l'Europe, en un mot, messieurs, de mettre vos actes à la hauteur de vos propres manifestations.

Cette déclaration est saluée par une triple salve d'applaudissements.

Le 24 novembre, M. Ch. Dupuy fait, aux applaudisse-

1. Le général Duchesne a pris une part brillante à la guerre du Tonkin, et il a commandé l'expédition contre Formose en 1885.

ments de la majorité de la Chambre, un discours qu'il termine par la déclaration suivante :

Deux solutions sont, à cette heure, en présence : l'une est une action partielle limitée à des opérations côtières, celle que propose M. Boucher ; l'autre solution, c'est une action complète qui nous paraît seule décisive et qui consiste à aller jusqu'à Tananarive, et à faire du traité de 1885 une réalité complète, s'étendant à toute l'île de Madagascar, aussi bien à l'intérieur que sur le littoral.

Messieurs, entre ces deux solutions, vous choisirez ; vous savez, dès maintenant, que la seconde est la seule que le Gouvernement croit pouvoir accepter, la seule qu'il puisse conduire à bien. Parler ainsi, cela s'appelle poser la question de confiance. Elle est posée.

Après un discours de M. Ribot qui appuie le Gouvernement, et un autre de M. Lockroy qui le combat, M. Henri Brisson monte à la tribune pour soutenir le Gouvernement. Il termine ainsi :

Ce que je demande à la Chambre, c'est de ne pas donner à ce Gouvernement que je combats, non, sans rudesse quelquefois, une majorité qui puisse laisser, soit à l'ennemi visible, soit à des rivaux plus discrets, l'espérance que les résolutions de la République pourraient changer un jour. (*Triple salve d'applaudissements. L'orateur, en retournant à sa place, reçoit de nombreuses félicitations.*)

Après ce discours, la Chambre des députés repousse, par 384 voix contre 168, le principe d'une expédition limitée, et, par l'énorme majorité de 390 voix contre 112, elle décide de passer à la discussion des articles du projet de loi du Gouvernement. Le lundi 26 novembre, après deux discours de MM. Camille Pelletan et Poincaré, ministre des Finances, sur le côté financier de l'opération, elle adopte, par 377 voix contre 143, l'ensemble du projet de loi.

Ce même projet de loi, déposé au Sénat le 27 novembre, rapporté par M. Ernest Boulanger, vient en discussion le 6 décembre. Après un magnifique discours de M. de Freycinet, président de la Commission, applaudi par la presque unanimité du Sénat, le projet de crédits est adopté par 267 voix contre 3.

Cette loi, datée du 7 décembre 1894, est promulguée au *Journal officiel* du 8 décembre.

TABLE ALPHABÉTIQUE

DES MEMBRES DU GOUVERNEMENT

Depuis 1890 jusqu'à ce jour[1]

---

1. Cette table fait suite à celle du volume principal, pages 539 et suivantes.

TABLÉAU SYNOPTIQUE DES MINISTÉRES
Depuis 1890 jusqu'à ce jour [1]

	Présidence de M. CARNOT (suite)						Présidence de M. CASIMIR-PERIER
	Ministère du 27 fév. 1892	Ministère du 6 déc. 1892	Ministère du 11 janv. 1893	Ministère du 4 avril 1893	Ministère du 3 déc. 1893	Ministère du 30 mai 1894	Ministère du 1er juillet 1894
Présidence du conseil	LOUBET.	RIBOT.	RIBOT.	CHARLES DUPUY.	CASIMIR-PERIER.	CHARLES DUPUY.	CHARLES DUPUY.
Justice	Ricard.	Léon Bourgeois.	Léon Bourgeois.	Eug. Guérin.	Antonin Dubost.	Eug. Guérin.	Eug. Guérin.
Affaires étrangères	Ribot.	Ribot.	Jules Develle.	Jules Develle.	Casimir-Perier.	Hanotaux.	Hanotaux.
Intérieur	Loubet.	Loubet.	Ribot.	Ch. Dupuy.	Raynal.	Ch. Dupuy.	Ch. Dupuy.
Finances	Rouvier.	Rouvier. -- Tirard.	Tirard.	Peytral.	Burdeau.	R. Poincaré.	R. Poincaré.
Guerre	De Freycinet.	De Freycinet.	Général Loizillon.	Général Loizillon.	Général Mercier.	Général Mercier.	Général Mercier.
Marine	Cavaignac. -- Burdeau. Jamais.	Burdeau. Jamais.	Vice-amiral Rieunier.	Vice-amiral Rieunier.	Vice-amiral Lefèvre.	Félix Faure.	Félix Faure.
Instr. publ., B.-Arts et Cultes	Léon Bourgeois.	Ch. Dupuy.	Ch. Dupuy.	R. Poincaré.	Eug. Spuller.	Georges Leygues.	Georges Leygues.
Travaux publics	Viette.	Viette.	Viette.	Viette.	Jonnart.	Louis Barthou.	Louis Barthou.
Commerce, Industrie et Colonies	Jules Roche.	Siegfried.	Siegfried. Delcassé.	Terrier. Delcassé.	Marty. Maurice Lebon.	Lourties.	Lourties.
Agriculture	Jules Develle.	Jules Develle.	Viger.	Viger.	Viger.	Viger.	Viger.
Colonies					Ernest Boulanger.	Delcassé.	Delcassé.

1. Voy. le tableau des ministères depuis 1870 jusqu'en 1890 à la fin du tome principal.

TABLE DES MATIÈRES
DU SUPPLÉMENT

GOUVERNEMENTS, MINISTÈRES

ET

CONSTITUTIONS DE LA FRANCE DE 1789 A 1895

Événements principaux survenus après le tirage
de la 5e édition.

*Mort de M. Burdeau. — Démission de M. Barthou, du
troisième ministère Ch. Dupuy et de M. Casimir-Perier.
— Élection de M. Félix Faure président de la République. — Troisième ministère Ribot.*

M. Burdeau, président de la Chambre des députés, a succombé aux suites d'une embolie, le 12 décembre 1894, à l'âge
de 43 ans. Le 16 décembre, en vertu d'une loi du 14, ses
funérailles ont été célébrées au frais de l'Etat, avec le concours
de tous les corps constitués. L'inhumation a eu lieu au cimetière du *Père-Lachaise*. Le 18 décembre, la Chambre des
députés nomme, pour le remplacer, M. Henri Brisson par
249 voix contre 213 à M. Méline.

Le 19 décembre, le capitaine Alfred Dreyfus, accusé
d'avoir livré à une puissance étrangère des documents importants sur notre mobilisation, est traduit devant le premier
conseil de guerre de Paris, qui, le 22 décembre, le déclare,
à l'unanimité, coupable de haute trahison. Il est, en conséquence, condamné à la déportation à vie dans une enceinte
fortifiée et à la dégradation militaire. Celle-ci a eu lieu le
samedi 5 janvier 1895 dans la cour de l'Ecole militaire, en
présence des troupes réunies sous le commandement du
général Darras.

Par décret du 29 décembre 1894, M. de Lanessan, gouverneur général de l'Indo-Chine, est relevé de ses fonctions, pour
avoir communiqué à des tiers des rapports et des documents
officiels. Par décret du même jour, il est remplacé par
M. Armand Rousseau, conseiller d'Etat.

M. Barthou, ministre des Travaux publics, soutenait que, d'après les conventions de 1883, les garanties d'intérêt n'étaient dues par l'Etat aux compagnies des chemins de fer de l'Orléans et du Midi que jusqu'en 1914. Celles-ci prétendaient qu'elles devaient leur être payées jusqu'en 1956. M. Barthou soumet le différend au conseil d'Etat. Celui-ci rend, le 12 janvier 1895, un arrêt qui donne tort au ministre des Travaux publics et condamne l'Etat aux dépens.

A la suite de cet arrêt, M. Barthou donne sa démission le 13 janvier. Le lendemain, M. Millerand interpelle le gouvernement sur cette démission. Il fait adopter, par 253 voix contre 225, un projet de résolution tendant à la nomination d'une commission « chargée d'examiner s'il y a lieu de mettre en accusation, pour crime commis dans l'exercice de ses fonctions, M. Raynal, ancien ministre des Travaux publics », auteur des conventions de 1883. Plusieurs ordres du jour sont ensuite présentés. M. Ch. Dupuy, président du Conseil déclare que le gouvernement n'accepte que l'ordre du jour de M. Trélat, ainsi conçu :

La Chambre, respectueuse du principe de la séparation des pouvoirs, passe à l'ordre du jour.

La Chambre des députés refuse la priorité à cet ordre du jour par 263 voix contre 241. M. Ch. Dupuy fait alors la déclaration suivante :

Après la proclamation de ce scrutin, la Chambre comprendra que le gouvernement ne puisse pas continuer à prendre part à ses délibérations.

Les ministres quittent la salle des séances et vont remettre leur démission à M. Casimir-Perier, qui l'accepte.

Le lendemain 15 janvier, on apprend avec stupéfaction qu'à son tour, M. Casimir-Perier donne sa démission de Président de la République. Sa lettre de démission, lue dans la séance du 16 janvier, soulève une réprobation générale dans les deux Chambres. En voici les principaux passages :

Je ne me suis jamais dissimulé les difficultés de la tâche que l'Assemblée nationale m'a imposée. Je les avais prévues.

Si on ne refuse pas un poste au moment du danger, on ne conserve une dignité qu'avec la conviction de servir son pays.

La présidence de la République, dépourvue de moyens d'action

Phot. Eug. Pirou, rue Royale.

M. FÉLIX FAURE
PRÉSIDENT DE LA RÉPUBLIQUE FRANÇAISE

et de contrôle (*Murmures à gauche*), ne peut puiser que dans la confiance de la nation la force morale sans laquelle elle n'est rien. (*Exclamations sur les mêmes bancs. — Ecoutez ! écoutez !*) Ce n'est ni du bon sens ni de la justice de la France que je doute ; mais on a réussi à égarer l'opinion publique : plus de vingt années de luttes pour la même cause, plus de vingt années d'attachement à la République, de dévouement à la démocratie, n'ont suffi ni à convaincre tous les républicains de la sincérité et de l'ardeur de ma foi politique (*Rumeurs à gauche*)... ni à désabuser des adversaires qui croient ou affectent de croire que je me ferai l'instrument de leurs passions et de leurs espérances. (*Mouvement.*)

Depuis six mois se poursuit une campagne de diffamation et d'injures contre l'armée, la magistrature, le Parlement, le chef irresponsable de l'Etat, et cette liberté de souffler les haines sociales continue à être appelée la liberté de penser.

Le respect et l'ambition que j'ai pour mon pays ne me permettent pas d'admettre qu'on puisse insulter chaque jour les meilleurs serviteurs de la patrie et celui qui la représente aux yeux de l'étranger. (*Exclamations.*)

Je ne me résigne pas à comparer le poids des responsabilités morales qui pèsent sur moi et l'impuissance à laquelle je suis condamné.

Le 17 janvier, le Sénat et la Chambre des députés, réunis en Assemblée nationale sous la présidence de M. Challemel-Lacour, procèdent à l'élection du successeur de M. Casimir-Perier. Au premier tour de scrutin, M. Henri Brisson obtient 338 voix, M. Félix Faure, ministre de la marine 244, et M. Waldeck-Rousseau 184. Au deuxième tour de scrutin, M. Waldeck-Rousseau s'étant désisté en faveur de M. Félix Faure, le résultat est celui-ci : sur 800 suffrages exprimés, M. Félix Faure obtient 430 voix, et M. Henri Brisson 361. M. Félix Faure est proclamé Président de la République pour sept années. Cette proclamation est accueillie par les applaudissements de la gauche, de la droite et du centre.

Après la séance, M. Ch. Dupuy, président du Conseil des ministres, a transmis à M. Félix Faure les « droits, pérogatives et charges du Pouvoir exécutif ».

Les ministres, qui avaient repris provisoirement leurs fonctions pour assurer la transmission des pouvoirs, ont remis le soir même, 17 janvier, leur démission à M. Félix Faure, Président de la République, qui l'a acceptée.

M. Léon Bourgeois étant désigné par les circonstances pour être le chef d'un cabinet de concentration, M. Félix Faure lui confie la mission de le constituer. M. Léon Bourgeois accepte; mais après avoir échoué une première fois, le 21 janvier, par suite du défaut d'entente entre MM. Peytral, Cavaignac, Poincaré et Barthou sur les questions financières, il se voit obligé, le 24 janvier, de résigner définitivement ses pouvoirs. M. Félix Faure fait alors appeler M. Ribot. Le 26 janvier, M. Ribot est parvenu à former son ministère, qui, par décrets du même jour, est constitué comme suit :

Présid. du Conseil et Finances : M. Ribot, député.
Justice : M. Trarieux, sénateur.
Affaires étrangères : M. Hanotaux[1].
Intérieur : M. Leygues[1], député.
Instruction publique, Beaux-Arts et Cultes[2] : M. Poincaré[1], député.
Travaux publics : M. Dupuy-Dutemps, député.

Commerce, Industrie, Postes et Télégraphes : M. André Lebon, député.
Agriculture : M. Gadaud, sénateur.
Colonies : M. Chautemps, député.
Guerre : général Zurlinden[3].
Marine : vice-amiral Besnard[3].

Le message du Président de la République est lu aux deux Chambres le 28 janvier. Il a été accueilli par de nombreux applaudissements. Aussitôt après la lecture de ce message, M. Goblet, député, interpelle le ministère sur sa formation et sur sa politique. La discussion se termine par le vote d'un ordre du jour de confiance dans le ministère, présenté par M. Trouillot et adopté par 322 voix contre 73. M. Trarieux, garde des sceaux, dépose ensuite un projet de loi sur l'amnistie qui est adopté par 498 voix contre 4. Au Sénat l'amnistie est votée le 31 janvier par 216 voix contre 4.

Le 28 janvier, on apprend la mort, à l'âge de quatre-vingt-six ans, du maréchal Canrobert, dernier maréchal de France. Le 29 janvier, le Conseil des ministres décide que ses funérailles auront lieu aux frais de l'État, et que les restes du glorieux soldat seront inhumés aux Invalides.

1. Membre du Cabinet précédent.
2. Détachés de l'Intérieur et rattachés à l'Instruction publique. (Décret du 27 janvier.)
3. Nommé seulement le 28 janvier. Du 26 au 28 janvier, l'*intérim* a été fait à la Guerre par M. Ribot, et à la Marine par M. Trarieux.

www.ingramcontent.com/pod-product-compliance
Lightning Source LLC
Chambersburg PA
CBHW070759290326
41931CB00011BA/2072